Parlez de...

Conversational Practice for the French Oral Examination

Andrée A. Tootell
Licenciée ès lettres, Sorbonne (Paris)

Longman

Longman Group UK Limited
Longman House, Burnt Mill, Harlow, Essex, CM20 2JE, England
and Associated Companies throughout the World.

© Longman Group UK Limited 1990

All rights reserved. No part of this publication may be reproduced, stored in a retrieval system, or transmitted in any form or by any means, electronic, mechanical, photocopying, recording, or otherwise, without either the prior written permission of the Publishers or a licence permitting restricted copying issued by the Copyright Licensing Agency Ltd, 33–34 Alfred Place, London, WC1E 7DP.

First published 1990
ISBN 0 582 05778 7

Set in Helvetica Light 10/12pt (Linotron 202)
Produced by Longman Singapore Publishers Pte Ltd
Printed in Singapore

Contents

Unit 1
Personal background — 9

Practice
- a Home — 9
- b The neighbourhood — 12
- c Daily routine at home — 16
- d Family — 18

Role play
1. Tu veux voir ta chambre? — 23
2. William, je te présente Anne-Marie! — 24
3. Je te téléphone pour te dire ... — 25
4. Chez le docteur — 27

Unit 2
Shopping — 29

Practice
- a General questions — 29
- b The different shops — 32
- c The supermarket and the department store — 37

Role play
5. A la pharmacie — 41
6. A la pâtisserie — 42
7. A l'épicerie — 43
8. A la boutique du prêt-à-porter — 44
9. Chez le marchand de chaussures — 45
10. A la poste — 46
11. Au bureau des objets trouvés — 48

CONTENTS

Unit 3

Weekend activities 50

Practice a Your favourite hobby (football, rugby; 50
cricket, tennis; swimming; horse
riding; reading; cinema and television)
b Other pastimes (listening to records; 63
playing chess; playing an instrument)
Role play 12 Si on allait au cinéma? 68
13 La surprise-partie 69
14 A la bibliothèque 70

Unit 4

School 73

Practice 73
Role play 15 Le nouveau 79
16 L'appel téléphonique 80
17 Comparaisons 81

Unit 5

Travel and holidays 83

Practice a Seaside holidays 83
b Holidays abroad 88
c Holidays at home 92
d Holidays in the mountains 95
e Holidays in Paris 98
f Travelling by train 102
g Travelling on the ferry 105
h Travelling by air 109
Role play 18 Pour aller ... ? 113
19 Vous avez réservé? 114
20 Au guichet de la gare 115
21 A la station-service sur la A6 117
22 A la douane 118

CONTENTS

23	A l'aérogare: l'enregistrement des bagages	120
24	Au terrain de camping	121

Unit 6

Food and drink 123

Practice	a	Meals	123
	b	At the restaurant	129
	c	Picnics	134
Role play	25	Déjeuner à la cafétéria	138
	26	A table les enfants!	139
	27	Dîner au restaurant	141

Foreword

With the greater emphasis now given to the oral section of the French examination in both the GCSE and the Common Entrance to public schools, a more thorough and methodical approach is required in preparing for it.

This book provides material for revision on questions which are usually practised in oral lessons during the final year of a four year course in French. The answers suggested can be modified to suit the candidates' own circumstances, while offering them a correct pattern for their replies.

The questions and suggested answers contained in the practice section of each unit are grouped according to topics currently appearing in the oral component of the GCSE and Common Entrance syllabuses, but the sets covered in each topic are comprehensive enough to allow for a wider range of conversations about the candidates' personal experiences.

The extensive vocabulary which follows each set is intended to help candidates recall and mentally classify, according to the chosen topics, the words which they have encountered haphazardly in the previous years of their course. This should help them not only to communicate better orally, but also to express themselves more accurately in writing compositions and picture stories. An asterisk is used to indicate that a word is slang or colloquial.

Each practice section is followed by a series of role plays using the colloquial French which students are likely to meet in these particular situations in France. The role plays respond also to the tasks set by the examining boards in the new format of the oral GCSE and Common Entrance — they can be prepared in pairs or groups, as recommended by the Department of

FOREWORD

Education and Science in *Modern Foreign Languages to 16* (Curriculum Matters 8), which also states that:

> Opportunities to practise speech through repetition, question and answer, role play, telephoning, memorising and reciting dialogues should form a large part of the experience of pupils at all stages.

Practice on this wide range of role plays should give students the confidence and competence necessary for them to take the initiative and tackle satisfactorily an even greater spectrum of situations.

AT

Unit 1

Personal background

Practice

a Home

1 *Depuis combien de temps habites-tu dans ta maison?*
    J'y habite depuis 5 ans.
                depuis que je suis né(e)

2 *Parle-moi de ta maison!*
    C'est une maison moderne.
    Elle est bâtie en briques et a un toit de tuiles.
    C'est une maison ancienne faite en pierre.
    Elle a un toit d'ardoises.

3 *Combien de pièces a-t-elle?*
    Elle en a huit et il y a aussi un garage.

4 *Ta chambre est-elle au rez-de-chaussée?*
    Non, elle est au premier étage et elle donne sur le jardin.

5 *Décris-moi ton jardin!*
    A l'avant de la maison, il y a des parterres de fleurs.
    A l'arrière nous avons une grande pelouse et quelques arbres.

6 *Avez-vous des arbres fruitiers?*
    Oui, nous avons un grand poirier, trois pommiers et un cerisier.

UNIT 1

7 *Ta maison a-t-elle un grenier?*
   Oui, il est plein de caisses, de vieux vêtements et de meubles cassés.

8 *Y a-t-il une cave?*
   Non, il n'y en a pas.
   Oui, c'est là que mon père met les bouteilles de bon vin.

9 *Quand vas-tu au salon?*
   J'y vais le soir, pour regarder la télévision.

10 *Qu'est-ce qu'il y a dans ton salon?*
   Il y a un piano, des fauteuils, un poste de télévision, une cheminée.

11 *Brûlez-vous du charbon dans la cheminée?*
   Non, nous y brûlons du bois.
   Nous chauffons les autres pièces avec des radiateurs électriques.
   Nous avons le chauffage central.

12 *Prends-tu tes repas à la cuisine?*
   Seulement le petit déjeuner.
   Nous prenons le déjeuner et le dîner à la salle à manger.

13 *Qu'est-ce qu'il y a dans le hall d'entrée?*
   Il y a le téléphone, une table basse, et des peintures au mur.

14 *Ta maison est-elle située dans un quartier tranquille?*
   Oui, car nous habitons dans un faubourg de la ville.
   Oui, car nous sommes dans un petit village.
   Non, car nous habitons au centre de la ville où il y a beaucoup de circulation.

VOCABULAIRE 1a

1	depuis combien de temps habites-tu . . .?	*how long have you been living . . .?*
2	depuis cinq ans	*for five years*
3	depuis que je suis né(e)	*since I was born*
4	moderne (M & F)	*modern*

PERSONAL BACKGROUND

5	bâtir	*to build*
6	en briques	*in brick*
7	un toit	*a roof*
8	une tuile	*a tile*
9	ancien(ne)	*very old (ancient)*
10	en pierre	*in stone*
11	une ardoise	*a slate*
12	une pièce	*a room*
13	un garage	*a garage*
14	une chambre	*a bedroom*
15	au rez-de-chaussée	*on the ground floor*
16	au premier étage	*on the first floor*
17	décrire	*to describe*
18	à l'avant (de)	*at the front (of)*
19	un parterre de fleurs	*a flower bed*
20	à l'arrière (de)	*at the back (of)*
21	une pelouse	*a lawn*
22	quelques	*a few*
23	un arbre fruitier	*a fruit tree*
24	un grenier	*an attic*
25	plein(e) de	*full of*
26	une caisse	*a crate*
27	un vêtement	*an item of clothing*
28	cassé(e)	*broken*
29	une cave	*a cellar*
30	le salon	*the living (drawing) room*
31	un fauteuil	*an armchair*
32	un poste de télévision	*a television set*
33	une cheminée	*a fireplace*
34	brûler	*to burn*
35	du charbon	*coal*
36	du bois	*wood*
37	chauffer	*to heat*
38	un radiateur électrique	*an electric radiator*
39	le chauffage central	*central heating*
40	la cuisine	*the kitchen*
41	la salle à manger	*the dining room*
42	le hall d'entrée	*the entrance hall*
43	le téléphone	*the telephone*

UNIT 1

44	bas (basse)	*low*
45	une peinture	*a painting*
46	au mur	*on the wall*
47	être situé(e)	*to be situated*
48	un quartier	*a district*
49	tranquille (M & F)	*quiet*
50	un faubourg	*a suburb*
51	au centre de	*in the centre of*
52	la circulation	*the traffic*

b The neighbourhood

1 *Où habites-tu?*
    J'habite à Leamington (à Coventry).
        dans un village près de Stratford

2 *Dans quelle région est-ce?*
    C'est au centre de l'Angleterre dans le Comté de Warwick.

3 *Parle-moi un peu de ta ville/de ton village!*
    C'est une ancienne ville d'eau.
    Elle a de larges avenues et beaucoup de maisons de l'époque victorienne.
    C'est une ville industrielle.
    Elle a une belle cathédrale.
    Il y a trois théâtres et une grande piscine.
    C'est un vieux village.
    Il y a une église qui date du quinzième siècle.
    Dans la grand'rue, il y a quelques boutiques et une petite poste.

4 *Y a-t-il une gare?*
    Oui, elle est dans la partie sud (nord, est, ouest).
    Non, il n'y en a pas, mais les autobus s'y arrêtent.

PERSONAL BACKGROUND

5 *Ta ville a-t-elle un parc?*
  Ton village a-t-il un jardin public?
  Oui, il est le long de la rivière.
  Non, mais nous avons un grand pré au centre du village.

6 *Est-il possible d'y faire du sport?*
  Oui, car il y a des courts de tennis, des terrains de football et de cricket.
  Oui, il y a des matchs de cricket dans le pré.

7 *Décris-moi l'hôtel de ville ou la mairie.*
  L'hôtel de ville est un beau bâtiment de briques et de pierre.
  Il a une tour avec une horloge.
  Notre mairie est toute petite.
  C'est un bâtiment moderne tout simple.
  Elle sert aussi de salle des fêtes.

8 *Habites-tu loin de l'école?*
  Non, j'habite tout près.
  Oui, j'habite assez loin.

9 *Comment y vas-tu?*
  J'y vais à pied.
       à bicyclette
       en voiture
       en autobus
       par le train

10 *Combien de temps mets-tu pour y aller?*
   Je mets cinq (vingt) minutes.
        une demi-heure

11 *Y a-t-il des usines dans ta ville?*
   Oui, il y en a dans le quartier sud de la ville.
   Oui, il y a beaucoup d'industries.
   Non, c'est un village agricole.

UNIT 1

12 *Voudrais-tu habiter dans un village?*
dans une ville?
Oui, car j'aime la campagne.
Non, car j'aime aller dans les boutiques et au cinéma.
Oui, car je m'ennuie dans mon village.
Non, car je connais tout le monde dans mon village.

13 *Tes voisins sont-ils gentils?*
Oui, ils sont très gentils mais ils ont un chien qui fait beaucoup de bruit.

VOCABULAIRE 1b

1	à Leamington	*in Leamington*
2	une région	*a region*
3	au centre de	*in the centre of*
4	le Comté de Warwick	*Warwickshire*
5	une ville	*a town*
6	un village	*a village*
7	une ville d'eau	*a spa*
8	une avenue	*an avenue*
9	l'époque victorienne	*Victorian period*
10	industriel(le)	*industrial*
11	une cathédrale	*a cathedral*
12	un théâtre	*a theatre*
13	une piscine	*a swimming pool*
14	une église	*a church*
15	dater	*to date*
16	le quinzième siècle	*the fifteenth century*
17	la grand'rue	*the high street*
18	une poste	*a post office*
19	une gare	*a station*
20	la partie sud	*the southern part*
21	nord	*north(ern)*
22	est	*east(ern)*
23	ouest	*west(ern)*
24	s'arrêter	*to stop*
25	un parc	*a park*
26	un jardin public	*a public garden*
27	le long de	*along*

PERSONAL BACKGROUND

28	la rivière	*the river*
29	un pré	*a green (meadow)*
30	un court de tennis	*a tennis court*
31	un terrain de football	*a football ground*
	de cricket	*a cricket pitch*
32	l'hôtel de ville	*town hall*
33	la mairie	*town hall (usually smaller)*
34	un bâtiment	*a building*
35	une tour	*a tower*
36	une horloge	*a large clock*
37	tout petit (toute petite)	*very small*
38	simple (M & F)	*simple*
39	tout près	*very close (close by)*
40	assez loin	*fairly far*
41	à pied	*on foot*
42	à bicyclette	*by bicycle*
43	en voiture	*by car*
44	en autobus	*by bus*
45	par le train	*by train*
46	Combien de temps mets-tu?	*How long does it take you?*
47	une demi-heure	*half an hour*
48	une usine	*a factory*
49	agricole (M & F)	*agricultural*
50	voudrais-tu?	*would you like?*
51	s'ennuyer	*to get bored*
52	tout le monde	*everyone*
53	un(e) voisin(e)	*a neighbour*
54	le bruit	*noise*

c Daily routine at home

1 *A quelle heure ton réveil sonne-t-il le matin?*
   Il sonne à sept heures.

2 *Te lèves-tu tout de suite?*
   Non, je reste encore un peu au lit.

UNIT 1

3 *Que fais-tu quand tu te lèves?*
   Je vais dans la salle de bain pour me laver.

4 *Prends-tu un bain?*
   Non, je prends une douche le soir et je fais ma toilette le matin.

5 *Avec quoi te laves-tu?*
   Je me lave avec une éponge et du savon.

6 *Que fais-tu ensuite?*
   Je m'essuie avec une serviette.
   Je me brosse les dents, puis je m'habille.

7 *Quels vêtements mets-tu?*
   Je mets une chemise (un chemisier), un pantalon (une jupe), une cravate et un tricot.

8 *Pars-tu alors?*
   Non, je descends à la cuisine prendre mon petit déjeuner.

9 *Avant de sortir que dois-tu faire?*
   Je dois prendre mon veston (ma veste), ma casquette (mon chapeau) et un imperméable s'il pleut.

10 *Ta mère t'accompagne-t-elle à l'école?*
   Oui, elle m'y conduit.
   Non, j'y vais avec un(e) camarade.
   Non, j'y vais seul(e).

11 *Quand rentres-tu chez toi après l'école?*
   J'y rentre à quatre heures et demie.

12 *Fais-tu tes devoirs en rentrant?*
   Non, je prends le goûter d'abord.

13 *Combien de temps mets-tu pour faire tes devoirs?*
   Je mets une heure et demie environ.

14 *Où les fais-tu?*
   Je les fais dans ma chambre.

PERSONAL BACKGROUND

15 *Décris-moi un peu ta chambre.*
    Elle n'est pas très grande.
    Le lit se trouve près de la fenêtre.
    Mon bureau est au centre de la pièce et l'armoire est dans un coin.
    Les murs sont blancs et le tapis est bleu.

16 *Après tes devoirs vas-tu te coucher?*
    Non, s'il fait beau, je vais faire du sport.
    S'il pleut, je regarde la télévision.

17 *Ce soir, que vas-tu faire avant de te coucher?*
    Je vais utiliser mon ordinateur, puis je vais monter dans ma chambre. Je vais me déshabiller et me brosser les dents.

18 *Hier soir, qu'as-tu fait avant de t'endormir?*
    J'ai lu un roman policier.

VOCABULAIRE 1c

1	à quelle heure?	*at what time?*
2	le réveil	*the alarm clock*
3	sonner	*to ring*
4	se lever	*to get up*
5	tout de suite	*straight away*
6	la salle de bain(s)	*the bathroom*
7	se laver	*to wash oneself*
8	*prendre* un bain	*to have a bath*
9	*prendre* une douche	*to have a shower*
10	faire sa toilette	*to have a quick wash*
11	une éponge	*a sponge*
12	le savon	*the soap*
13	s'essuyer	*to wipe oneself*
14	se brosser les dents	*to brush one's teeth*
15	s'habiller	*to get dressed*
16	un vêtement	*an item of clothing*
17	mettre un vêtement	*to put on a garment*
18	une chemise	*a shirt*
19	un chemisier	*a blouse*
20	un pantalon	*a pair of trousers*

UNIT 1

21	une jupe	*a skirt*
22	une cravate	*a tie*
23	un tricot	*a jumper*
24	partir	*to leave*
25	alors	*then*
26	sortir	*to go out*
27	je dois (DEVOIR)	*I must*
28	un veston	*a blazer*
29	une veste	*a girl's jacket*
30	un imperméable	*a raincoat*
31	il pleut	*it is raining*
32	accompagner	*to accompany*
33	conduire	*to drive*
34	un(e) camarade	*a friend*
35	seul(e)	*alone*
36	rentrer (chez soi)	*to return home*
37	faire ses devoirs	*to do one's homework*
38	**prendre** le goûter	*to have afternoon tea*
39	d'abord	*at first*
40	combien de temps mets-tu?	*how long do you take?*
41	environ	*approximately*
42	le lit	*the bed*
43	une armoire	*a wardrobe*
44	un coin	*a corner*
45	ce soir	*this evening*
46	se coucher	*to go to bed*
47	un ordinateur	*a computer*
48	se déshabiller	*to undress*
49	hier soir	*yesterday evening*
50	s'endormir	*to fall asleep*
51	un roman policier	*a detective story*

d Family

1 *Combien d'enfants y a-t-il dans ta famille?*
   Il y en a trois.
   Je suis fils (fille) unique.

PERSONAL BACKGROUND

2 *Es-tu l'aîné(e)?*
    Non, j'ai un frère qui a deux ans de plus que moi.
    Oui, je le suis.

3 *Quel âge as-tu?*
    J'ai . . . ans.

4 *As-tu une sœur (un frère)?*
    Oui, j'en ai une (un).
    Non, je n'en ai pas.

5 *Quel âge a-t-elle (a-t-il)?*
    Elle (il) a dix ans, c'est la cadette (le cadet).

6 *Comment s'appelle ta mère?*
    Elle s'appelle Susan.

7 *Reste-t-elle à la maison?*
    Oui, elle y reste.
    Non, elle travaille; elle est infirmière (secrétaire, dentiste).

8 *Quelle est la profession de ton père?*
    Il est fermier (commerçant, notaire, employé, directeur, docteur, dans l'armée, dans la marine royale).

9 *Que fait-il pendant le weekend?*
    Il s'occupe du jardin, coupe la pelouse et plante les légumes et les fleurs.
    Il lave sa voiture et répare les choses cassées.

10 *Travailles-tu aussi dans le jardin?*
    Oui, j'arrose les fleurs l'été et je ramasse les feuilles.

11 *Fais-moi le portrait de ta mère.*
    Elle est grande et mince (petite et ronde).
    Elle a les yeux bleus et les cheveux blonds et courts (bruns et longs).
    Elle porte des lunettes.

12 *Est-elle bonne cuisinière?*
    Oui, elle fait de bons gâteaux.

UNIT 1

13 *Décris-moi ce que ta mère fait à la maison.*
   Elle prépare les repas.
   Elle fait le ménage.
   Elle passe l'aspirateur et essuie les meubles.
   Elle lave et repasse les vêtements.

14 *Aime-t-elle tricoter?*
   Non, elle préfère coudre.

15 *Dis-moi ce que tu fais pour l'aider.*
   Je fais la vaisselle, je fais mon lit, je fais du thé ou du café.

16 *Qui te donne ton argent de poche?*
   C'est mon père.

17 *T'entends-tu bien avec ta sœur (ton frère)?*
   Nous nous disputons quelquefois.

18 *A quoi jouez-vous ta sœur (ton frère) et toi?*
   Nous jouons aux échecs.
           aux cartes

19 *Quelle est la date de ton anniversaire?*
   C'est le 3 juillet.

20 *Ton grand-père (ta grand'mère) vit-il (elle) avec vous?*
   Non, il (elle) vit chez lui (elle) en Ecosse.

21 *As-tu beaucoup d'oncles et de tantes?*
   J'ai trois oncles et deux tantes.

22 *Quand vas-tu voir tes cousins (cousines)?*
   Je vais les voir pendant les vacances.

VOCABULAIRE 1d

1	l'aîné(e)	*the eldest*
2	être fils (fille) unique	*to be the only son (daughter)*
3	un frère	*a brother*
4	une sœur	*a sister*
5	quel âge as-tu?	*how old are you?*
6	le cadet, la cadette	*the youngest*

PERSONAL BACKGROUND

7	rester	*to stay*
8	une infirmière	*a nurse*
9	une secrétaire	*a secretary*
10	un(e) dentist*e*	*a dentist*
11	un fermier	*farmer*
12	un commerçant	*a tradesman*
13	un notaire	*a solicitor*
14	un(e) employé(e)	*a clerk, employee*
15	un directeur	*a manager*
16	un docteur	*a doctor*
17	l'armée	*the army*
18	la marine royale	*the Royal Navy*
19	s'occuper de	*to attend to*
20	couper	*to cut*
21	planter	*to plant*
22	un légume	*a vegetable*
23	réparer	*to repair*
24	une chose	*a thing*
25	cassé(e) (CASSER)	*broken*
26	arroser	*to water*
27	ramasser	*to pick up*
28	une feuille	*a leaf*
29	mince (M & F)	*slim*
30	rond(e)	*plump*
31	court(e)	*short*
32	les lunettes (F)	*spectacles*
33	une cuisinière	*a cook*
34	un gâteau	*a cake*
35	un repas	*a meal*
36	faire le ménage	*to do the house cleaning*
37	passer l'aspirateur	*to hoover*
38	repasser	*to iron*
39	tricoter	*to knit*
40	coudre	*to sew*
41	aider	*to help*
42	faire la vaisselle	*to do the washing up*
43	du thé	*tea*
44	du café	*coffee*
45	l'argent de poche	*pocket money*

UNIT 1

46	s'entendre bien avec quelqu'un	*to get on well with someone*
47	se disputer	*to argue*
48	jouer aux échecs	*to play chess*
49	jouer aux cartes	*to play cards*
50	l'anniversaire	*birthday*
51	le grand-père	*the grandfather*
52	la grand'mère	*the grandmother*
53	il vit (VIVRE)	*he lives*
54	en Ecosse	*in Scotland*
55	un oncle	*an uncle*
56	une tante	*an aunt*
57	un(e) cousin(e)	*a cousin*
58	aller voir quelqu'un	*to visit someone*
59	pendant les vacances	*during the holidays*

PERSONAL BACKGROUND

Role play

1 Tu veux voir ta chambre?

Jeune Anglais:	Tu veux voir ta chambre?
Correspondant français:	Oui, je voudrais bien.
Jeune Anglais:	Elle est au premier étage. Suis-moi!
Correspondant français:	D'accord!
Jeune Anglais:	Tiens! La voilà, à droite.
Correspondant français:	J'entre?
Jeune Anglais:	Oui, vas-y! Elle te plaît?
Correspondant français:	Elle est drôlement bien!
Jeune Anglais:	Tu peux mettre tes affaires ici, dans l'armoire.
Correspondant français:	Il y a même une télé!
Jeune Anglais:	Tu appuies sur ce bouton et ça marche!
Correspondant français:	La salle de bain où c'est?
Jeune Anglais:	Juste à côté. Et ma chambre est au bout du couloir.
Correspondant français:	Parfait! Je vais chercher ma valise.

VOCABULAIRE 1

1 un(e) Anglais(e) — *an English person*
2 tu veux voir? — *do you want to see?*
3 un correspondant — *a penfriend*
4 je voudrais bien — *I would like to*
5 suis-moi! — *follow me*
6 d'accord! — *all right!*
7 à droite — *on the right*
8 vas-y! — *go on!*
9 elle te plaît? — *do you like it?*
10 *elle est drôlement bien — *it is really nice*
11 les affaires (F) — *belongings*
12 même — *even*
13 tu appuies — *you press*

UNIT 1

14	un bouton	*a knob*
15	ça marche	*it works*
16	juste à côté	*right next to it*
17	au bout de	*at the end of*
18	un couloir	*a corridor*
19	(c'est) parfait!	*(that's) great!*
20	une valise	*a suitcase*

2 William, je te présente Anne-Marie!

Paul: Hé, Anne-Marie! Tu connais mon copain William?
Anne-Marie: Non, je crois pas.
Paul: William est mon correspondant anglais.
Anne-Marie: Ah! Salut William.
Paul: William, je te présente Anne-Marie, une copine de lycée.
William: Enchanté, Anne-Marie.
Anne-Marie: Quand est-ce que tu es arrivé, William?
William: Il y a cinq jours.
Anne-Marie: Tu habites où, en Angleterre?
William: A Dorking. C'est une petite ville au sud de Londres.
Anne-Marie: C'est la première fois que tu viens en France?
William: Non, je suis déjà venu deux fois pour faire du ski.
Anne-Marie: Y a longtemps que tu apprends le français?
William: Je l'apprends depuis cinq ans.
Paul: Tu parles bien, tu sais!
William: Bah! Je me débrouille!
Anne-Marie: Tu repars quand?
William: Dans deux semaines.
Anne-Marie: Ah! Alors, on se reverra.
William: J'espère bien!

PERSONAL BACKGROUND

VOCABULAIRE 2

1	je te présente Anne-Marie	*this is Anne-Marie/I want you to meet Anne-Marie*
2	tu connais mon copain . . .?	*do you know (have you met) my pal . . .?*
3	*je (ne) crois pas	*I don't think so*
4	mon correspondant anglais	*my English penfriend*
5	salut William!	*hello, William*
6	*une copine de lycée	*a school friend*
7	enchanté(e)	*delighted*
8	quand est-ce que tu es arrivé?	*when did you arrive?*
9	il y a cinq jours	*five days ago*
10	au sud de Londres	*south of London*
11	c'est la première fois . . .?	*is it the first time . . .?*
12	je suis déjà venu . . .	*I have already been . . .*
13	*(il) y a longtemps que tu apprends le français?	*have you been learning French long?*
14	je l'apprends depuis cinq ans	*I have been learning it for five years*
15	tu parles bien, tu sais	*you speak well, you know*
16	*bah! Je me débrouille	*well, I manage*
17	tu repars quand?	*when are you leaving?*
18	dans deux semaines	*in two weeks time*
19	on se reverra!	*we'll see each other again!/we'll meet again!*
20	j'espère bien!	*I hope so!*

3 Je te téléphone pour te dire . . .

Pascal: Allô, ma tante, c'est Pascal à l'appareil.
La tante: Ah! Bonjour, mon garçon.
Pascal: Je te téléphone pour te dire qu'on viendra pas dimanche.
La tante: C'est dommage. Pourquoi?
Pascal: Maman est au lit. Elle est malade.
La tante: Vraiment? Qu'est-ce qu'elle a?

UNIT 1

Pascal: Elle a mal à la gorge et elle a de la fièvre.
La tante: Le docteur est venu?
Pascal: Oui, il pense qu'elle a la grippe.
La tante: Qui la soigne?
Pascal: C'est grand'mère. Elle fait aussi la cuisine.
La tante: Ton père est toujours en Italie?
Pascal: Oui, mais il rentre ce soir.
La tante: Bon, j'appellerai demain pour avoir des nouvelles.
Pascal: Entendu. Au revoir, ma tante.

VOCABULAIRE 3

1	je te téléphone pour te dire ...	*I am ringing to say ...*
2	allô	*hello*
3	c'est Pascal à l'appareil	*it's Pascal calling*
4	*on (ne) viendra pas dimanche	*we won't be coming on Sunday*
5	c'est dommage	*it's a pity*
6	pourquoi?	*why?*
7	au lit	*in bed*
8	elle est malade	*she is ill*
9	vraiment?	*really?*
10	qu'est-ce qu'elle a?	*what is wrong with her?*
10	elle a mal à la gorge	*she has a sore throat*
12	elle a de la fièvre	*she is running a temperature*
12	il est venu	*he came*
13	penser	*to think*
14	elle a la grippe	*she has 'flu*
15	soigner	*to look after/to nurse*
16	elle fait la cuisine	*she does the cooking*
17	toujours	*still*
18	en Italie	*in Italy*
19	j'appellerai	*I shall telephone*
20	demain	*tomorrow*
21	avoir des nouvelles	*to have some news*
22	entendu	*OK, fine!*

PERSONAL BACKGROUND

4 Chez le docteur

Le docteur:	Asseyez-vous! Qu'est-ce qui ne va pas?
Le malade:	Docteur, j'ai des plaques rouges sur les bras, le cou et la poitrine.
Le docteur:	Montrez-moi!
Le malade:	Voulez-vous que je me déshabille?
Le docteur:	Otez votre chemise s'il vous plaît.
Le malade:	J'ai remarqué ces rougeurs hier matin.
Le docteur:	Avez-vous pris votre température?
Le malade:	Oui, elle est normale: 37°.
Le docteur:	Ouvrez la bouche et faites ah ...
Le malade:	Je n'ai pas mal à la gorge. Je ne souffre pas.
Le docteur:	Tournez-vous! Respirez fort! Toussez!
Le malade:	J'espère que je n'ai pas attrapé la rougeole.
Le docteur:	Non, mais avez-vous mangé du poisson, des crustacés?
Le malade:	J'ai mangé du crabe avant-hier.
Le docteur:	C'est ça, une allergie, sans doute.
Le malade:	Ce n'est pas grave alors?
Le docteur:	Non! Voici une ordonnance: prenez ce médicament trois fois par jour.
Le malade:	Merci beaucoup, docteur.
Le docteur:	Ça ira mieux dans deux ou trois jours.

VOCABULAIRE 4

1	chez le docteur (le médecin)	*at the doctor's*
2	asseyez-vous!	*sit down!*
3	qu'est-ce qui ne va pas?	*what's wrong*
4	j'ai des plaques rouges	*I have a rash*
5	sur les bras, le cou, et la poitrine	*on my arms, neck and chest*
6	montrez-moi!	*show me!*
7	voulez-vous que je me déshabille?	*do you want me to get undressed?*
8	ôtez votre chemise!	*take off your shirt!*
9	j'ai remarqué ces rougeurs	*I noticed these red patches*

UNIT 1

10	hier matin	*yesterday morning*
11	avez-vous pris votre température?	*have you taken your temperature?*
12	elle est normale: 37°	*it is normal: 37° (98.4 F)*
13	ouvrez la bouche et faites ah ...	*open your mouth and say ah ...*
14	je n'ai pas mal à la gorge	*I don't have a sore throat*
15	je ne souffre pas	*I'm not in pain*
16	tournez-vous! respirez fort! toussez!	*turn around! breathe deeply! cough!*
17	j'espère que je n'ai pas attrapé la rougeole	*I hope I have not caught measles*
18	des crustacés	*sea food*
19	j'ai mangé du crabe avant-hier	*I ate crab the day before yesterday*
20	c'est ça	*that's it*
21	une allergie, sans doute	*an allergy, no doubt*
22	ce n'est pas grave	*it is not serious*
23	voici une ordonnance	*here is a prescription*
24	prenez ce médicament!	*take this medicine*
25	trois fois par jour	*three times a day*
26	ça ira mieux	*it will be better*

Unit 2
Shopping

Practice

a General questions

1 *Quelle différence y a-t-il entre une boutique et un magasin?*
    Un magasin est plus grand qu'une boutique.

2 *Fais-tu des courses pour ta mère?*
    Oui, j'en fais quelquefois.

3 *Qu'est-ce que ta mère te donne pour faire des courses?*
    Elle me donne une liste de provisions et de l'argent pour payer.

4 *Dans quoi mets-tu tes achats?*
    Je les mets dans un sac à provisions ou un panier.

5 *Et ton argent?*
    Je le mets dans mon porte-monnaie (mon portefeuille).

6 *Quelles sont les heures d'ouverture des magasins en Angleterre?*
    Ils ouvrent de neuf heures du matin à cinq heures et demie du soir.

7 *Quels jours de la semaine sont-ils fermés?*
    Ils sont fermés le dimanche.

UNIT 2

8   *Les magasins sont-ils ouverts toute la journée en France?*
    Non, ils ferment généralement de midi à deux heures de l'après-midi, mais ils ouvrent plus tôt qu'en Angleterre. Ils ferment aussi plus tard: vers sept heures du soir.

9   *Qui te sert dans une boutique?*
    C'est le marchand.

10 *Où se tient-il d'habitude?*
    Il se tient derrière le comptoir.

11 *Qu'est-ce qu'on voit sur le comptoir?*
    On y voit la balance.

12 *A quoi sert la balance?*
    Elle sert à peser la marchandise.

13 *Où la marchandise est-elle exposée?*
    Elle est exposée à la vitrine.

14 *Comment sait-on le prix des marchandises?*
    Il y a généralement des étiquettes qui indiquent les prix.

15 *Comment appelle-t-on un magasin comme Tesco ou Sainsbury?*
    C'est un supermarché.

16 *Quelle différence y a-t-il entre un supermarché et un grand magasin?*
    Le supermarché vend surtout de la nourriture et on s'y sert seul.

17 *Qui te sert dans un grand magasin?*
    Ce sont les vendeurs et les vendeuses.

18 *Où les grands magasins se trouvent-ils dans une ville?*
    Ils se trouvent dans le centre commercial.

19 *Quand ta mère fait ses courses en voiture où met-elle les sacs de provisions?*
    Elle les met dans le coffre de la voiture.

SHOPPING

20 *Où laisse-t-elle sa voiture quand elle va au centre commercial?*

Elle la gare dans un parc de stationnement, ou près d'un parcomètre.

VOCABULAIRE 2a

1	une boutique	*a smallish shop*
2	un magasin	*a shop*
3	plus grand(e) que	*bigger than*
4	moins grand(e) que	*less large than*
5	faire des courses	*to do some shopping*
6	une liste de provisions	*a shopping list*
7	de l'argent (M)	*some money*
8	payer	*to pay for*
9	dans quoi . . .?	*in what . . .?*
10	un achat	*a purchase*
11	un sac à provisions	*a shopping bag*
12	un panier	*a basket*
13	un porte-monnaie	*a purse*
14	la monnaie	*the change/silver (money)*
15	un portefeuille	*a wallet*
16	un billet de banque	*a banknote*
17	l'heure d'ouverture	*the opening time*
18	*en* Angleterre	*in England*
19	neuf heures *du* matin	*9 am*
20	cinq heures *du* soir	*5 pm*
21	*le* dimanche	*on Sundays*
22	*en* France	*in France*
23	généralement	*generally*
24	deux heures *de* l'après-midi	*2 pm*
25	tôt	*early*
26	plus tôt	*earlier*
27	tard	*late*
28	servir	*to serve*
29	se servir	*to help oneself*
30	d'habitude	*usually*
31	le (la) marchand(e)	*the shopkeeper*

UNIT 2

32	*se* tenir	*to stand*
33	le comptoir	*the counter*
34	une balance	*a set of scales*
35	peser	*to weigh*
36	la marchandise	*the goods*
37	exposer	*to display/to exhibit*
38	à la vitrine	*in the shop window*
39	savoir	*to know*
40	le prix	*the price/the cost*
41	une étiquette	*a price tag (ticket)/a label*
42	indiquer	*to show/indicate*
43	un supermarché	*a supermarket*
44	un grand magasin	*a department store*
45	vendre	*to sell*
46	un vendeur, une vendeu*s*e	*a shop assistant*
47	de la nourriture	*food*
48	un centre commercial	*a shopping centre*
49	le coffre	*the boot (of car)*
50	garer une voiture	*to park a car*
51	un parc de stationnement (ou: un parking)	*a car park*
52	un parcomètre (ou: un parcmètre)	*a parking meter*

---

b The different shops

1 *Où achète-t-on du pain?*
   On en achète à la boulangerie.

2 *Peut-on acheter du pain, le dimanche matin, en France?*
   Oui, mais les boulangeries sont fermées le lundi.

3 *Les boulangers vendent-ils seulement du pain en France?*
   Ils vendent aussi des croissants chauds le matin et des petits pains au chocolat l'après-midi.

SHOPPING

4 *Quels genres de pains vendent-ils?*
   Ils vendent des baguettes, des pains-restaurants et du pain de campagne.

5 *Quel pain préfères-tu?*
   Je préfère les baguettes: elles sont délicieuses, avec du beurre, au petit déjeuner.

6 *Quelle boutique vend des gâteaux?*
   C'est la pâtisserie.
   On peut aussi y acheter des glaces et des bonbons.

7 *Si tu veux faire des sandwichs en France, où vas-tu acheter du jambon?*
   Je vais à la charcuterie.

8 *Qu'est-ce qu'on achète aussi à la charcuterie?*
   On y achète du porc, du pâté et des saucisses.

9 *Où achète-t-on la viande de bœuf ou de mouton?*
   On l'achète à la boucherie.

10 *Que porte le boucher pour protéger ses vêtements?*
   Il porte un grand tablier.

11 *Si tu dois acheter des légumes où vas-tu?*
   Je vais chez le marchand de légumes.

12 *Quels légumes vend-il?*
   Il vend des pommes de terre, des choux, des poireaux et des tomates.

13 *Si tu veux savoir le prix d'un kilo de carottes que dis-tu?*
   Je dis: 'C'est combien le kilo de carottes, s'il vous plaît?'

14 *Le marchand de légumes vend-il seulement des légumes?*
   Non, il vend aussi des fruits.

15 *Nomme quelques fruits que tu peux acheter en été.*
   Il y a des prunes, des fraises, des cerises et des pêches.

UNIT 2

16 *Et en hiver, quels fruits trouve-t-on?*
   On trouve des oranges, des bananes, des pommes et des poires.

17 *Le jour de la Fête des Mères où vas-tu acheter un bouquet de fleurs pour ta mère?*
   Je vais chez la fleuriste.

18 *Quelle boutique préfères-tu en Angleterre?*
   Je préfère la confiserie.

19 *Pourquoi?*
   J'y achète des bonbons et du chocolat.

20 *Qu'est-ce que tu achètes aussi, pour toi, quand tu vas en ville?*
   J'y achète des disques et des magazines.

21 *Combien de magazines as-tu achetés cette semaine?*
   J'en ai acheté trois.

22 *Où les as-tu achetés?*
   Je les ai achetés à la librairie.

23 *Qu'est-ce qu'on vend aussi dans une librairie?*
   On y vend des livres.

24 *Comment demandes-tu le prix d'un livre au vendeur?*
   Je lui dis: 'Combien coûte ce livre, s'il vous plaît?'

25 *Qu'est-ce qu'une pharmacie?*
   C'est un magasin qui vend des médicaments, du savon et du parfum.

26 *En France, si tu veux acheter une pellicule pour ton appareil-photo, vas-tu dans une pharmacie?*
   Non, je vais dans un magasin d'appareils photographiques.

27 *Où va-t-on acheter du tabac ou des cigarettes?*
   On va au bureau de tabac.

28 *Que vend aussi le bureau de tabac, en France?*
   Il vend des timbres, des enveloppes, des journaux et des cartes postales.

SHOPPING

29 *Où se trouve-t-il généralement?*
   Il se trouve généralement dans un café.

30 *Où te fais-tu couper les cheveux?*
   Chez un coiffeur (une coiffeuse).

31 *Qu'est-ce qu'une épicerie?*
   C'est un magasin qui vend du sucre, du café, des conserves et du vin.

32 *Le vin coûte-t-il cher en France?*
   Non, il est bon marché. C'est l'eau minérale qui coûte cher!

VOCABULAIRE 2b

1	une boulangerie	*a baker's shop*
2	un boulanger (boulangère)	*a baker*
3	*chez* le boulanger	*at the baker's*
4	du pain	*bread*
5	seulement	*only*
6	un croissant	*a croissant*
7	un petit pain au chocolat	*a puff pastry bun with chocolate filling*
8	chaud(e)	*hot, warm*
9	*un* pain	*a loaf of bread*
10	quels genres (M) de . . .?	*what kinds of . . .?*
11	une baguette	*thin stick of French bread*
12	un pain-restaurant	*a wider and longer loaf of French bread*
13	du pain de campagne	*farmhouse bread*
14	délicieux (délicieuse)	*delicious*
15	du beurre	*butter*
16	au petit déjeuner	*at breakfast*
17	un gâteau	*a cake*
18	la pâtisserie	*the cake shop*
19	on peut (POUVOIR)	*one is able to*
20	une glace	*an ice cream*
21	un bonbon	*a sweet*
22	un sandwich	*a sandwich*
23	du jambon	*ham*

UNIT 2

24	la charcuterie	*pork butcher's shop and delicatessen*
25	du porc	*pork*
26	du pâté	*pâté*
27	une saucisse	*a sausage*
28	de la viande	*meat*
29	du bœuf	*beef*
30	du mouton	*mutton*
31	la boucherie	*the butcher's shop*
32	le boucher	*the butcher*
33	protéger	*to protect*
34	un tablier	*an apron*
35	le marchand de légumes	*the greengrocer*
36	une pomme de terre	*a potato*
37	un chou(x)	*a cabbage*
38	un poireau	*a leek*
39	une tomate	*a tomato*
40	un kilo de	*a kilo of*
41	une carotte	*a carrot*
42	un fruit	*a fruit*
43	nomme (nommez)!	*name!*
44	une prune	*a plum*
45	une fraise	*a strawberry*
46	une cerise	*a cherry*
47	une pêche	*a peach*
48	en hiver	*in winter*
49	une orange	*an orange*
50	une banane	*a banana*
51	une pomme	*an apple*
52	une poire	*a pear*
53	le Jour de la Fête des Mères	*Mother's Day*
54	un bouquet de fleurs	*a bunch of flowers*
55	le (la) fleuriste	*the florist*
56	la confiserie	*the confectioner's shop*
57	du chocolat	*chocolate*
58	un magazine	*a magazine*
59	la librairie	*the bookshop*
60	combien coûte . . . ?	*how much is . . . ?*

SHOPPING

61	une pharmacie	*a chemist's shop*
62	un médicament	*a medicine*
63	du savon	*soap*
64	un parfum	*a perfume*
65	une pellicule	*a film (for still camera)*
66	un film	*a film (for movie camera)*
67	un appareil-photo(graphique)	*a still camera*
68	une caméra	*a movie camera*
69	du tabac	*tobacco*
70	le bureau de tabac	*the tobacconist*
71	un timbre	*a stamp*
72	une enveloppe	*an envelope*
73	une carte postale	*a postcard*
74	un café	*a pub*
75	se faire couper les cheveux	*to have one's hair cut*
76	chez un coiffeur (une coiffeuse)	*at a hairdresser's*
77	une épicerie	*a grocer's shop*
78	du sucre	*sugar*
79	du café	*coffee*
80	les conserves (F)	*preserves*
81	le vin	*wine*
82	coûter cher	*to be expensive*
83	être bon marché	*to be cheap*
84	l'eau minérale	*mineral water*

c The supermarket and the department store

1 *Qu'est-ce qu'un supermarché?*
   C'est un magasin où l'on se sert seul.

2 *Que vend un supermarché?*
   Il vend un peu de tout mais surtout de la nourriture.

3 *Quels grands supermarchés y a-t-il dans ta ville?*
   Il y a: Tesco, Sainsbury et Asda.

UNIT 2

4 *Dis-moi ce que tu fais quand tu entres au supermarché.*
   Je prends un chariot (caddie) ou un panier, puis je choisis les provisions qui sont sur ma liste.

5 *Où les provisions se trouvent-elles au supermarché?*
   Elles sont sur des étagères.

6 *Que faut-il faire avant de sortir du supermarché?*
   Il faut payer à la caisse.

7 *Y a-t-il seulement une caisse?*
   Non, il y en a plusieurs où les gens font la queue.

8 *Que fait la caissière?*
   Elle compte avec sa machine combien chaque client doit payer.

9 *Où mets-tu tes provisions quand tu as payé?*
   Je les mets dans un grand sac en plastique.

10 *Quel jour de la semaine y a-t-il beaucoup de monde dans un supermarché?*
   Il y en a beaucoup le vendredi et le samedi.

11 *Pourquoi?*
   Les gens font leurs provisions pour le weekend.

12 *Aimes-tu aller dans les grands magasins?*
   Oui, j'aime beaucoup cela.

13 *Pourquoi?*
   C'est parce qu'on y trouve toutes sortes de choses.

14 *Si ton père veut acheter un complet, où va-t-il dans un grand magasin?*
   Il va au rayon des vêtements d'homme.

15 *Qu'est-ce qu'on peut voir au rayon de la bijouterie?*
   On peut y voir des bijoux et des montres.

16 *Quel rayon les enfants préfèrent-ils?*
   Ils préfèrent le rayon des jouets.

17 *Combien d'étages y a-t-il dans un grand magasin?*
   Il y en a quatre ou cinq.

SHOPPING

18 *Comment va-t-on d'un étage à l'autre?*
   On prend l'ascenseur ou l'escalier mécanique.

19 *Qu'est-ce qu'on vend souvent au sous-sol?*
   On y vend les objets ménagers et les appareils électriques.

20 *Quels appareils électriques peut-on y acheter?*
   On peut y acheter des postes de télévision, des transistors, des frigidaires et des cuisinières.

21 *Est-il possible de manger dans un grand magasin?*
   Oui, il y a généralement un restaurant libre-service.

22 *Où se trouve-t-il d'habitude?*
   Il se trouve en haut, au dernier étage.

23 *Est-ce qu'on paie à la sortie, comme au supermarché?*
   Non, le vendeur nous conduit à la caisse qui se trouve à chaque rayon.

24 *Connais-tu un ou deux grands magasins parisiens?*
   Oui, il y a le 'Printemps' et les 'Galeries Lafayette'.

25 *Et 'Carrefour', qu'est-ce que c'est?*
   C'est un hypermarché, c'est-à-dire un très grand supermarché.

VOCABULAIRE 2c

1	un peu de tout	*a bit of everything*
2	de la nourriture	*food*
3	un chariot, un caddie	*a trolley*
4	une étagère	*a shelf*
5	il faut	*it is necessary/one must*
6	payer à la caisse	*to pay at the checkout*
7	la caissière (le caissier)	*the checkout assistant*
8	plusieurs	*several*
9	faire la queue	*to queue*
10	compter	*to count*
11	une machine	*a machine*
12	chaque	*each*
13	un sac en plastique	*a plastic bag*

UNIT 2

16	faire les provisions	*to do the shopping (food)*
17	toutes sortes de choses	*all kinds of things*
18	un complet	*a suit*
19	un rayon	*a department (in a store)*
20	la bijouterie	*the jewellery*
21	un bijou(x)	*a jewel*
22	une montre	*a watch*
23	le rayon de jouets	*the toy department*
24	un jouet	*a toy*
25	un étage	*a floor*
26	prendre l'ascenseur (M)	*to use the lift*
27	l'escalier mécanique	*the escalator*
28	au sous-sol	*in the basement*
29	un objet ménager	*household item*
30	un appareil électrique	*an electrical appliance*
31	un poste de télévision	*a television set*
32	un transistor	*a transistor*
33	un frigidaire	*a fridge*
34	une cuisinière	*a cooker*
35	un restaurant libre-service	*a self-service restaurant*
36	d'habitude	*usually*
37	en haut	*at the top*
38	au dernier étage	*on the top floor*
39	la sortie	*the exit*
40	conduire	*to direct (someone)*
		to drive (car)
41	c'est-à-dire	*that is to say*
42	un hypermarché	*a hypermarket*
43	un carrefour	*a crossroad*

Role play

5 A la pharmacie

Le pharmacien:	C'est à qui?
La cliente:	C'est à moi, je pense.
	Je voudrais renouveler ce médicament.
Le pharmacien:	Je regrette, madame, mais il faut une ordonnance.
La cliente:	Ah bien! Il me faut aussi de l'aspirine.
Le pharmacien:	Un grand ou un petit paquet?
La cliente:	Un petit, et un tube de dentifrice.
Le pharmacien:	Oui, lequel?
La cliente:	Un tube de Colgate.
Le pharmacien:	Voilà! Ça fait trente-deux francs.
La cliente:	Voici, monsieur. Au revoir!
Le pharmacien:	Au revoir et merci, madame.

VOCABULAIRE 5

1	le pharmacien	*the chemist*
2	c'est à qui?	*whose turn is it?*
3	c'est à moi	*it is mine*
4	je voudrais . . .	*I would like . . .*
5	renouveler	*to renew*
6	un médicament	*a medicine*
7	il vous faut	*you need*
8	une ordonnance	*a prescription*
9	de l'aspirine	*aspirin*
10	un paquet	*a packet*
11	un tube de dentifrice	*a tube of toothpaste*
12	lequel, laquelle?	*which one?*
13	lesquels, lesquelles?	*which ones?*
14	voilà!	*there it is!*
15	voici!	*here it is!*
16	ça fait dix francs	*that will be ten francs*
17	au revoir!	*goodbye!*

UNIT 2

6 A la pâtisserie

Le pâtissier: Et pour vous, jeune homme?
Le client: Avez-vous des croissants?
Le pâtissier: Je regrette, nous n'en avons plus.
Le client: C'est combien les choux à la crème?
Le pâtissier: Huit francs, la pièce.
Le client: Donnez-m'en quatre, s'il vous plaît.
Le pâtissier: Au café ou au chocolat?
Le client: Au chocolat.
Le pâtissier: Et avec ça?
Le client: Je voudrais une glace double.
Le pâtissier: A quels parfums, jeune homme?
Le client: A la fraise et au citron.
Le pâtissier: Voilà! Ça fait 41 francs, avec les gâteaux.
Le client: J'ai seulement un billet de 200 F, excusez-moi.
Le pâtissier: Ça ne fait rien. Voici votre monnaie.
Le client: Merci, au revoir, monsieur.

VOCABULAIRE 6

1 le pâtissier (la pâtissière) — *the baker (of cakes)*
2 et pour vous? — *what can I do for you?*
3 je regrette — *I am sorry*
4 nous n'en avons plus — *we have none left*
5 un chou à la crème — *a small cream cake*
6 huit francs, la pièce — *eight francs each*
7 et avec ça? — *anything else?*
8 le parfum — *the flavour*
9 à la fraise — *strawberry flavour*
10 au citron — *lemon flavour*
11 ça ne fait rien. — *it does not matter.*
12 la monnaie — *change*

SHOPPING

7 A l'épicerie

L'épicier:	Qu'est-ce qu'il vous faut?
La cliente:	Je voudrais un kilo de sucre et une livre de café.
L'épicier:	Du café moulu?
La cliente:	Non, du café en grain.
L'épicier:	Et avec ça?
La cliente:	Il me faut aussi une boîte de petits pois et de la confiture.
L'épicier:	De la confiture aux abricots?
La cliente:	Non, un pot de cerises, s'il vous plaît.
L'épicier:	Voilà, madame.
La cliente:	Ce bordeaux est excellent, c'est combien la bouteille?
L'épicier:	Douze francs la bouteille, madame.
La cliente:	J'en voudrais deux bouteilles, et c'est tout.
L'épicier:	Ça fait 62 francs en tout.
La cliente:	Voilà, monsieur. Pouvez-vous envelopper les bouteilles, s'il vous plaît?
L'épicier:	Mais certainement. Voulez-vous un sac en plastique?
La cliente:	Oui, merci, c'est gentil! Au revoir, monsieur.
L'épicier:	Au revoir, madame.

VOCABULAIRE 7

1	un épicier (une épicière)	*a grocer*
2	qu'est-ce qu'il vous faut?	*what would you like?*
3	du café moulu	*ground coffee*
4	du café en grain	*coffee beans*
5	il me faut	*I need*
6	une boîte de	*a tin of*
7	les petits pois	*peas*
8	de la confiture aux abricots	*apricot jam*
9	un pot de	*a jar of*
10	une cerise	*a cherry*
11	le bordeaux	*Bordeaux wine*
12	douze francs la bouteille	*twelve francs a bottle*

UNIT 2

13 en tout	*in all/altogether*
14 envelopper	*to wrap up*
15 mais certainement	*certainly*
16 c'est gentil!	*it is kind of you!*

8 A la boutique du prêt-a-porter

Vendeuse: On s'occupe de vous?
Jeune fille: Non. Je regardais seulement.
Vendeuse: Vous cherchez quoi, mademoiselle?
Jeune fille: Je voudrais une veste demi-saison.
Vendeuse: De quelle couleur?
Jeune fille: Bleu marine de préférence.
Vendeuse: Quelle taille faites-vous?
Jeune fille: 38 ou 40, ça dépend de la forme.
Vendeuse: Comment trouvez-vous celle-ci?
Jeune fille: Elle est très habillée, mais trop longue.
Vendeuse: C'est la mode vous savez!
Jeune fille: Ah oui? C'est quoi comme tissu?
Vendeuse: C'est pure laine.
Jeune fille: Je pourrais l'essayer?
Vendeuse: Certainement. La cabine est à votre gauche.
. . . .
Jeune fille: Elle me plaît beaucoup.
Vendeuse: Elle vous va bien!
Jeune fille: Merci. Alors je la prends.

VOCABULAIRE 8

1 le prêt-à-porter	*ready-to-wear (clothes)*
2 on s'occupe de vous?	*are you being attended to?*
3 je regardais seulement	*I was just looking*
4 *vous cherchez quoi?	*what are you looking for?*
5 une veste demi-saison	*a jacket for spring or autumn wear*
6 bleu marine	*navy blue*
7 de préférence	*preferably*

SHOPPING

8 quelle taille faites-vous?	*what size are you?*
9 38 ou 40	*10 or 12 (English sizes)*
10 ça dépend de	*it depends on*
11 la forme	*style/shape*
12 comment trouvez-vous . . .?	*how do you like . . .?*
13 celui-ci (M), celle-ci (F)	*this one*
14 habillé(e)	*smart/dressy*
15 trop long(ue)	*too long*
16 c'est la mode	*it is the fashion*
17 *c'est quoi comme tissu?	*what sort of cloth it is?*
18 pure laine	*pure wool*
19 je pourrais l'essayer?	*could I try it on?*
20 la cabine (d'essayage)	*the fitting room*
21 elle (il) me plaît	*I like it*
22 elle (il) vous va bien	*it suits you*

9 Chez le marchand de chaussures

Le client: Je pourrais essayer les bottes qui sont à la vitrine?
Le vendeur: Lesquelles?
Le client: Les brunes, en cuir, derrière les pantoufles.
Le vendeur: Je sais. De quelle pointure?
Le client: Il me faut du 41.
Le vendeur: Asseyez-vous! Je vais voir . . . Oui, il me reste un 41.
Le client: Je peux emprunter un chausse-pied?
Le vendeur: Voilà. Comment vous vont-elles?
Le client: Elles me font un peu mal ici.
Le vendeur: C'est parce qu'elles sont neuves.
Le client: Oui, et le cuir est souple.
Le vendeur: Elles sont en solde. C'est une affaire!
Le client: Bon. Je les prends.
Le vendeur: Vous payez par chèque?
Le client: Non, comptant.
Le vendeur: Je vous remercie, monsieur.

UNIT 2

VOCABULAIRE 9

1	je pourrais essayer . . .?	*could I try . . .?*
2	une botte	*a boot*
3	lesquelles?	*which ones?*
4	en cuir	*made of leather*
5	une pantoufle	*a slipper*
6	la pointure	*the shoe size*
7	il me faut du 41	*I need size 41*
8	asseyez-vous!	*sit down*
9	il me reste un 41	*I have a size 41 left*
10	je peux emprunter . . .?	*may I borrow . . .?*
11	un chausse-pied	*a shoehorn*
12	comment vous vont-elles?	*do they fit you?*
13	elles me font un peu mal	*they hurt a little*
14	neuf (neuve)	*brand new*
15	souple	*supple, soft*
16	elles sont en solde	*they are in the sale*
17	c'est une affaire!	*they are a bargain!*
18	je les prends	*I shall take them*
19	vous payez par chèque?	*are you paying by cheque?*
20	payer comptant (en espèces)	*to pay cash*
21	je vous remercie	*I thank you*

10 A la poste

Employé: Au suivant, s'il vous plaît!
Jeune homme: Je voudrais téléphoner en Angleterre.
Employé: En PCV?
Jeune homme: Non, je paie.
Employé: La cabine 6 est libre.
Jeune homme: Je m'excuse, mais on s'y prend comment?
Employé: Composez le 19. Attendez la tonalité. Puis vous faites le 44 et le numéro de votre correspondant.
Jeune homme: Je peux appeler directement de la cabine?
Employé: Oui, n'oubliez pas votre jeton!

SHOPPING

....

Jeune homme:	C'est fait! Je vous dois combien?
Employé:	Votre jeton s'il vous plaît! Cabine 6: 35 francs.
Jeune homme:	Voilà monsieur. Je voudrais aussi des timbres.
Employé:	Au guichet 5, jeune homme.

....

Jeune homme:	Pardon, madame, c'est combien pour envoyer une lettre en Allemagne?
Employée:	2F20, pour tous les pays de la Communauté.
Jeune homme:	Je pourrais avoir un timbre alors?
Employée:	Voilà.
Jeune homme:	Quand part le courrier, s'il vous plaît?
Employée:	La levée est à deux heures.
Jeune homme:	Merci bien, madame.

VOCABULAIRE 10

1	un(e) employé(e)	*an employee*
2	au suivant!	*next (client)!*
3	téléphoner, appeler	*to telephone*
4	en PCV	*reversed charge (call)*
5	je paie	*I am paying*
6	une cabine (téléphonique)	*a (telephone) booth*
7	libre (M & F)	*free, vacant*
8	on s'y prend comment?	*how do I do it?*
9	composez!	*dial!*
10	la tonalité	*the dialling tone*
11	le numéro	*the number*
12	le correspondant	*person being called*
13	n'oubliez pas	*don't forget*
14	un jeton	*a token or disc issued at the counter*
15	c'est fait!	*it's done!*
16	je vous dois combien?	*how much do I owe you?*
17	un timbre	*a stamp*
18	un guichet	*a counter (post office)*

UNIT 2

19 c'est combien pour envoyer une lettre? *how much is it to send a letter?*
20 en Allemagne *to Germany*
21 pour tous les pays de la Communauté (Européenne) *for all the countries of the EEC*
22 je pourrais avoir un timbre? *could I have a stamp?*
23 alors *then, therefore*
24 le courrier *the mail*
25 la levée *the collection (post)*

11 Au bureau des objets trouvés

Jeune homme: Pardon, madame, je voudrais savoir si on a apporté des lunettes?
Employée: Quand les avez-vous perdues?
Jeune homme: Hier soir, vers six heures.
Employée: Où ça?
Jeune homme: Je crois que je les ai laissées au buffet de la gare.
Employée: Vous avez demandé au buffet?
Jeune homme: Oui, mais on n'a rien trouvé.
Employée: Vous pouvez me décrire les lunettes?
Jeune homme: La monture est gris clair.
Employée: Et l'étui?
Jeune homme: L'étui est en cuir rouge.
Employée: Votre adresse est dedans?
Jeune homme: Non, mon nom seulement: Leroy Charles.
Employée: Bon, voulez-vous remplir cette fiche! Je vais regarder sur les rayons.
Tenez! On les a trouvées devant un guichet.
Jeune homme: Formidable! Je pourrais laisser une récompense?
Employée: La personne n'a pas laissé d'adresse.
Jeune homme: C'est dommage!
Employée: Signez ici, sur la fiche, s'il vous plaît.
Jeune homme: Voilà. Merci bien, madame.

SHOPPING

VOCABULAIRE 11

1	au bureau des objets trouvés	*at the lost property office*
2	je voudrais savoir si . . .	*I would like to know if . . .*
3	on a apporté	*someone has brought*
4	des lunettes	*spectacles*
5	quand les avez-vous perdues?	*when did you lose them?*
6	je crois que . . .	*I think/I believe that . . .*
7	je les ai laissées	*I left them*
8	au buffet de la gare	*at the station buffet*
9	on n'a rien trouvé	*nothing has been found*
10	vous pouvez me décrire . . . ?	*can you describe to me . . . ?*
11	la monture	*the frame (spectacles)*
12	gris clair	*light grey*
13	un étui en cuir	*a leather case*
14	l'adresse est dedans?	*is the address inside?*
15	le nom seulement	*the name only*
16	voulez-vous remplir cette fiche?	*will you fill in this card?*
17	je vais regarder sur les rayons	*I shall look on the shelves*
18	tenez!	*here!*
19	on les a trouvées	*they have been found*
20	devant un guichet	*in front of the ticket office*
21	formidable!	*great!/terrific!*
22	je pourrais laisser une récompense?	*could I leave a reward?*
23	la personne n'a pas laissé d'adresse	*the person did not leave an address*
24	c'est dommage!	*that's a pity!*
25	signez ici, sur la fiche	*sign here, on the card*

Unit 3

Weekend activities

Practice

a Your favourite hobby

a) **le football, le rugby**

1 *Quel est ton passe-temps favori?*
    Je joue au football.
           au rugby

2 *Avec qui joues-tu au football (rugby)?*
    J'y joue avec mes camarades d'école.

3 *Fais-tu partie de l'équipe de l'école?*
    Oui, j'en fais partie.
    Non, je n'en fais pas partie.

4 *Décris ta tenue de football (rugby).*
    Je porte une culotte noire.
            une chemise noire et rouge
            des chaussettes de laine
            des chaussures de football (rugby)

5 *Combien de fois par semaine joues-tu?*
    Je joue deux fois par semaine, le lundi et le mercredi après-midi.

6 *Joues-tu au football (rugby) toute l'année?*
    Non, j'y joue en automne et en hiver.

WEEKEND ACTIVITIES

7   *Es-tu gardien de but?*
      Non, je suis avant.
               ailier
               arrière
               centre

8   *Où les matchs de football (rugby) ont-ils lieu?*
      Ils ont lieu sur un stade.

9   *Combien de temps un match dure-t-il?*
      Il dure 90 minutes.

10 *Qui dirige le match?*
      C'est l'arbitre.

11 *Quel est ton footballeur (rugbyman) préféré?*
      C'est . . .

12 *Pour quelle équipe joue-t-il?*
      Il joue pour l'équipe de Coventry (Leeds . . .).

13 *L'équipe de ton école a-t-elle gagné le dernier match?*
      Oui, elle l'a gagné.

14 *Combien de buts (d'essais) a-t-elle marqués?*
      Elle en a marqué . . .

b) le cricket, le tennis

1   *Quel est ton passe-temps favori?*
      Je joue au cricket.
               au tennis.

2   *Avec qui joues-tu?*
      Je joue avec mes camarades d'école.

3   *Fais-tu partie de l'équipe de cricket (de tennis) de l'école?*
      Oui, j'en fais partie.
      Non, je n'en fais pas partie.

UNIT 3

4 *Décris ta tenue de cricket (tennis).*
   Je porte un pantalon blanc,
      une chemise blanche,
      un tricot blanc,
      des chaussures blanches,
      de gros gants blancs.
   Je porte un short (jupe) blanc (blanche),
      une chemise blanche,
      des socquettes blanches,
      des chaussures de tennis blanches.

5 *Avec quoi frappes-tu la balle?*
   Je la frappe avec une batte (une raquette).

6 *Combien de fois par semaine joues-tu?*
   Je joue deux fois: le lundi et le mercredi.

7 *Où joues-tu?*
   Je joue au terrain de sport (sur un court de tennis).

8 *Combien de temps un match de cricket (de tennis) dure-t-il?*
   Cela dépend des équipes (des joueurs).

9 *Au cricket préfères-tu frapper la balle ou la lancer?*
   Je préfère la lancer.

10 *Qu'y a-t-il sur le court de tennis entre les joueurs?*
   Il y a un filet.

11 *T'entraînes-tu pendant le weekend?*
   Oui, je m'entraîne sur un court de tennis qui se trouve près de chez moi.
      dans mon jardin
      au jardin public

12 *Joues-tu au cricket (au tennis) toute l'année?*
   Non, j'y joue surtout au printemps et en été.

13 *Quel est ton joueur de cricket (de tennis) préféré?*
   C'est ...

14 *Est-il champion du monde de tennis?*
   Non, mais c'est un des meilleurs joueurs.

WEEKEND ACTIVITIES

VOCABULAIRE 3a (a & b)

1	un passe-temps	*a hobby*
2	favori (favorite)	*favourite*
3	jouer *au* football	*to play football*
	au rugby	*rugby*
	au cricket	*cricket*
	au tennis	*tennis*
4	avec qui?	*with whom?*
5	un(e) camarade	*a friend*
6	faire partie de	*to be a member of*
7	une équipe	*a team*
8	la tenue de football	*football clothes*
9	une culotte	*a pair of shorts*
10	des chaussettes de laine	*woollen socks*
11	combien de fois par semaine?	*how many times a week?*
12	toute l'année	*all the year round*
13	en automne	*in autumn*
14	en hiver	*in winter*
15	un gardien de but	*a goal keeper*
16	un but	*a goal*
17	les buts (surface des buts)	*the goal area*
18	un ailier	*a wing (football, rugby)*
19	un arrière	*a back*
20	un centre	*a centre*
21	un match de football	*a football match*
22	une partie de football (de cricket)	*a game of football (cricket)*
23	avoir lieu	*to take place*
24	un stade	*a stadium*
25	durer	*to last*
26	diriger	*to referee*
27	un arbitre	*a referee/umpire*
28	un footballeur	*a soccer player*
29	un rugbyman	*a rugby player*
30	le ballon	*the football (rugby ball)*
31	donner un coup de pied dans le ballon	*to kick the ball*

UNIT 3

32	marquer un but	*to score a goal*
33	le score: 3 à 2	*the score: 3–2*
34	gagner	*to win*
35	un essai (rugby)	*a try (rugby)*
36	un gant	*a glove*
37	une batte de cricket	*a cricket bat*
38	une raquette de tennis	*a tennis racket*
39	lancer	*to throw, cast*
40	un court de tennis	*a tennis court*
41	un filet	*a net*
42	s'entraîner	*to train*
43	un joueur	*a player*
44	champion(ne) du monde	*world champion*
45	meilleur(e)	*better*
46	le meilleur, la meilleure	*the best*

c) la natation

1 *Quel est ton passe-temps favori?*
    Je fais de la natation.

2 *Que portes-tu pour nager?*
    Je porte un slip de bain (un maillot de bain).

3 *Depuis combien de temps sais-tu nager?*
    Je sais nager depuis quatre ans.

4 *Qui t'a appris à nager?*
    C'est mon père.
        un moniteur

5 *Où nages-tu?*
    Je nage à la piscine de . . .

6 *Préfères-tu la nage ou le plongeon?*
    Je préfère la nage.

7 *Quel est ton meilleur style de natation?*
        C'est la nage sur le dos.
            la brasse
            la nage papillon
            le crawl
            la nage indienne

WEEKEND ACTIVITIES

8 *As-tu peur quand tu sautes du tremplin?*
   Non, je trouve cela amusant.

9 *Fais-tu partie d'un club?*
   Non, je n'en fais pas partie.
   Oui, je fais partie du club de . . .

10 *Combien de fois t'entraînes-tu par semaine?*
   Je m'entraîne deux ou trois fois.

11 *Fais-tu aussi du canotage?*
   Oui, j'en fais un peu l'été.

12 *Pourrais-tu sauver quelqu'un qui se noie?*
   Je pense que oui.

d) l'équitation

1 *Quel est ton passe-temps favori?*
   Je fais du cheval.

2 *Depuis combien de temps fais-tu du cheval?*
   J'en fais depuis cinq ans.

3 *Où as-tu appris à faire du cheval?*
   J'ai appris dans une école d'équitation.

4 *Combien de leçons d'équitation prends-tu par semaine?*
   J'en prends deux.

5 *As-tu un cheval à toi?*
   Oui, j'ai mon poney.
   Non, je loue un poney à l'école.

6 *Quelle tenue portes-tu pour faire du cheval?*
   Je porte une veste.
   une culotte de cheval
   une chemise (un corsage)
   une cravate
   des bottes
   une bombe

UNIT 3

7 *Qu'est-ce que c'est qu'une bombe?*
   C'est une casquette très dure qui protège la tête quand on tombe.

8 *Où fais-tu tes promenades à cheval?*
   Je les fais dans les champs et dans les bois.

9 *Prends-tu part à des concours hippiques?*
   Oui, quelquefois, parce que je fais partie du Pony Club.

10 *De quelle couleur est ta cravate du Pony Club?*
   Elle est . . .

11 *Quel est ton cavalier (cavalière) favori(te)?*
   C'est . . .

12 *Comment s'appelle le cheval qu'il (qu'elle) monte?*
   Il s'appelle . . .

VOCABULAIRE 3a (c & d)

1	la natation	*swimming (sport)*
2	nager	*to swim*
3	un slip de bain	*swimming trunks*
4	un maillot de bain	*swimming costume*
5	un moniteur (monitrice)	*an instructor*
6	savoir nager	*to be able to swim*
7	apprendre	*to learn*
8	la piscine	*the swimming pool*
9	la nage	*swimming (activity, style of)*
10	le plongeon	*diving*
11	plonger	*to dive*
12	le tremplin	*the springboard*
13	sauter	*to jump*
14	cela (ça)	*that (PRONOUN)*
15	amusant(e)	*amusing*
16	la nage sur le dos	*backstroke*
17	la brasse	*breast-stroke*
18	la nage papillon	*butterfly-stroke*
19	le crawl	*crawl*
20	la nage indienne	*sidestroke*

WEEKEND ACTIVITIES

21	le canotage	*boating/rowing*
22	sauver	*to save/rescue*
23	se noyer	*to drown*
24	je pense que oui	*I think so*
25	l'équitation	*horse riding*
26	faire du cheval	*to ride*
27	une école d'équitation	*riding school*
28	**prendre** une leçon	*to have a lesson*
29	un cheval à toi	*a horse belonging to you*
30	un pon*e*y	*a pony*
31	louer	*to hire*
32	une veste	*a jacket*
33	une culotte de cheval	*jodhpurs*
34	un corsage	*a blouse*
35	une botte	*a boot*
36	une bombe	*a riding hat*
37	dur(e)	*hard*
38	protéger	*to protect*
39	faire une promenade *à* pied	*to go for a walk*
40	faire une promenade *à* cheval	*to go for a horse ride*
41	faire une promenade *à* bicyclette	*to go for a bicycle ride*
42	faire une promenade *en* voiture	*to go for a drive*
43	un bois	*a wood*
44	un champ	*a field*
46	un concours hippique	*show jumping events*
47	un cavalier, une cavalière	*a (horse) rider*
48	il montait Red Rum	*he rode Red Rum*
49	il est monté **sur** son cheval	*he mounted his horse*
50	il est descendu **de** cheval	*he dismounted*
51	il est allé **à** cheval en ville	*he rode to town*

e) **la lecture**
1 *Quel est ton passe-temps favori?*
    C'est la lecture.

UNIT 3

2 *Quels livres préfères-tu?*
   Je préfère les livres d'aventure.
                   les livres de science-fiction
                   les romans classiques
                   les romans policiers
                   les romans noirs
                   les histoires de revenants

3 *Quand lis-tu?*
   Je lis le soir avant de m'endormir et pendant le weekend.

4 *Vas-tu à la bibliothèque ou achètes-tu tes livres?*
   Je vais à la bibliothèque et j'achète aussi des livres.

5 *Combien d'argent de poche dépenses-tu par semaine pour acheter des livres?*
   Je dépense presque tout mon argent de poche.

6 *Où achètes-tu tes livres?*
   Je les achète à la librairie de l'école et aussi en ville.

7 *Quel livre lis-tu en ce moment?*
   Je lis . . .

8 *Quel en est l'auteur?*
   C'est . . .

9 *Où l'histoire se passe-t-elle?*
   Elle se passe en Italie.
                 en France
                 au Pays de Galles

10 *Regrettes-tu d'avoir choisi ce livre?*
   Non, parce qu'il est très intéressant.

11 *Lis-tu aussi des magazines?*
   Oui, j'en lis deux ou trois par semaine.

12 *Aimes-tu les magazines de sport?*
   J'aime surtout les magazines de sport automobile.
                                de moto
                                sur l'aviation
                                sur la voile

WEEKEND ACTIVITIES

13 *Connais-tu un magazine français?*
    Oui, je connais 'Paris-Match' et 'l'Express'.

14 *Que fais-tu de tes magazines quand tu les as lus?*
    Je les passe à mes amis.
    Je les collectionne.

15 *Lis-tu le journal tous les jours?*
    Oui, mais je lis seulement la première page, et aussi les résultats des sports.

16 *Peux-tu nommer un ou deux journaux français?*
    Oui, il y a 'le Figaro', 'le Monde', 'France-Soir' et 'l'Equipe'.

f) **le cinéma et la télévision**

1 *Quel est ton passe-temps favori?*
   Je vais au cinéma.
   Je regarde la télévision.

2 *Quand vas-tu au cinéma?*
   J'y vais le vendredi soir et aussi quelquefois pendant le weekend.

3 *Fais-tu partie du club de cinéma de l'école?*
   Oui, j'en fais partie.

4 *Quel jour de la semaine le club passe-t-il un film?*
   C'est le vendredi soir.

5 *Y a-t-il un cinéma dans ta ville?*
   Oui, c'est le . . .

6 *Quel genre de film aimes-tu voir?*
   Je préfère les westerns.
             les films policiers
             les films de guerre
             les films d'aventure

7 *As-tu un(e) acteur (actrice) de cinéma favori(te)?*
   Oui, c'est . . .

UNIT 3

8 *Quel est le dernier film que tu as vu?*
   J'ai vu . . .

9 *Où l'histoire se passait-elle?*
   Elle se passait en Amérique.

10 *Qui jouait dans ce film?*
   Il y avait . . .

11 *Est-ce que ce film finit bien?*
   Oui, parce que c'est une comédie.

12 *Combien de temps le film a-t-il duré?*
   Il a duré deux heures et demie.

13 *Vas-tu seul(e) au cinéma?*
   Non, j'y vais avec mes parents ou des camarades.

14 *Que fais-tu à l'entracte?*
   Je mange des glaces et des chocolats.

15 *Quels programmes regardes-tu à la télévision?*
   Je regarde les émissions de sport.
                  les documentaires
                  les comédies

16 *Sur quelle chaîne regardes-tu les informations télévisées?*
   Je les regarde sur la chaîne no. 1.

17 *A quelle heure?*
   A six heures du soir.

18 *Aimes-tu les causeries en tête-à-tête à la télévision?*
   Oui, j'aime bien celles de Terry Wogan.

19 *Suis-tu l'émission du palmarès des chansons pops?*
   Oui, je la regarde le jeudi soir.

20 *Quelle est la chanson qui est en tête en ce moment?*
   C'est . . .

21 *Elle te plaît?*
   Oui, je ne la trouve pas mal.

WEEKEND ACTIVITIES

22 *Il y a combien de chanteurs dans le groupe qui la chante?*
   Il y en a . . .

23 *Regardes-tu la télévision du matin?*
   Non, je n'ai pas le temps.
   Je me prépare pour aller à l'école à ce moment-là.

VOCABULAIRE 3a (e & f)

1	la lecture	*reading*
2	un livre d'aventure	*an adventure story*
3	un livre de science fiction	*a science fiction book*
4	un roman classique	*a classical novel*
5	un roman policier	*a detective story*
6	un roman noir	*a horror story*
7	une histoire de revenants	*a ghost story*
8	s'endormir	*to fall asleep*
9	la bibliothèque	*the library*
10	l'argent de poche	*pocket money*
11	dépenser	*to spend*
12	par semaine	*per week*
13	presque	*almost*
14	la librairie	*the book shop*
15	en ce moment	*at the moment*
16	un auteur	*an author*
17	une histoire	*a story*
18	se passer	*to take place*
19	regretter	*to regret*
20	intéressant(e)	*interesting*
21	un magazine	*a magazine*
22	l'aviation (F)	*aviation*
23	la voile	*sailing*
24	faire *de*	*to do with*
25	passer	*to hand over*
26	collectionner	*to collect*
27	tous les jours	*every day*
28	seulement	*only*
29	un résultat	*a result*
30	la télévision	*television*

UNIT 3

31	passer un film	*to show a film*
32	quel genre de?	*what kind of?*
33	un western	*a western*
34	un film policier	*a detective film*
35	un film de guerre	*a war film*
36	la guerre	*war*
37	un acteur, une actrice	*an actor, actress*
38	il y avait	*there was (were)*
39	finir bien	*to end well*
40	une comédie	*a comedy*
41	combien de temps	*how long*
42	seul(e)	*alone*
43	l'entracte (M)	*the interval (intermission)*
44	un programme	*a programme*
45	une émission	*a broadcast*
46	un documentaire	*a documentary*
47	une chaîne de télévision	*a TV channel*
48	les informations	*the news*
49	télévisé(e)	*televised*
50	une causerie / un tête à tête	*a chat show*
51	celui de, celle de / ceux de, celles de	*the one / the ones*
52	suis-tu? (SUIVRE)	*are you following?*
53	le palmarès des chansons	*the charts*
54	une chanson pop(ulaire)	*a pop song*
55	être en tête	*to be first*
56	elle te plaît?	*do you like it?*
57	pas mal	*not bad*
58	un chanteur (une chanteuse)	*a singer*
59	un groupe	*a group*
60	la télévision du matin	*morning television*
61	je n'ai pas le temps	*I don't have the time*

WEEKEND ACTIVITIES

b Other pastimes

a) les disques

1 *Que fais-tu aussi pendant tes loisirs?*
   J'écoute des disques.

2 *Quel genre de disques aimes-tu?*
   Je préfère les disques de musique populaire.
          de musique classique

3 *As-tu beaucoup de disques?*
   Oui, j'en ai beaucoup. J'ai aussi des cassettes.

4 *Où les passes-tu?*
   Je les passe dans ma chambre où j'ai mon
   tourne-disques et mon magnétophone.

5 *Quel groupe de chanteurs préfères-tu?*
   Je préfère . . .

6 *Combien de chanteurs y a-t-il il dans ce groupe?*
   Il y en a quatre . . .

7 *Leur dernière chanson est-elle au palmarès?*
   Oui, elle est cinquième (seizième) cette semaine.

8 *Quel est le titre de cette chanson?*
   Elle s'appelle . . .

9 *Combien coûte un disque de ce groupe?*
   Il coûte . . .

10 *Vas-tu souvent à une disco?*
   J'y vais quelquefois pendant les vacances et aussi quand
   nous célébrons l'anniversaire d'un camarade.

11 *As-tu beaucoup de temps de libre?*
   Non, en ce moment, j'ai trop de travail.

b) les échecs

1 *Que fais-tu aussi pendant tes loisirs?*
   Je joue aux échecs.

UNIT 3

2 *Avec qui joues-tu aux échecs ?*
   J'y joue avec mon frère et mes camarades d'école.

3 *Depuis combien de temps y joues-tu ?*
   J'y joue depuis quatre ans.

4 *Qui t'a appris à jouer ?*
   C'est mon père.
   C'est un professeur de l'école.

5 *Fais-tu partie d'un club ?*
   Oui, je fais partie de celui de l'école.

6 *Participes-tu à des concours ?*
   Oui, nous avons des matchs avec d'autres écoles.

7 *Pourquoi aimes-tu jouer aux échecs ?*
   C'est parce que c'est difficile.

8 *Es-tu en colère quand tu perds ?*
   Non, parce que j'aime le jeu.
   Mais je suis très content quand je gagne !

c) **le piano, la guitare, le violon**

1 *Que fais-tu aussi pendant tes loisirs ?*
   Je joue du piano.

2 *Depuis combien de temps joues-tu du piano (de la guitare, du violon) ?*
   J'*en* joue depuis cinq ans.

3 *Combien de leçons prends-tu par semaine ?*
   J'en ai deux, mais je m'exerce aussi pendant une demi-heure tous les jours.

4 *Où t'exerces-tu ?*
   Je m'exerce dans une salle de musique ou dans ma chambre.

5 *Fais-tu partie d'un orchestre ?*
   Oui, je fais partie de l'ensemble de l'école.
   Non, mais je voudrais bien.

WEEKEND ACTIVITIES

6 *Où l'ensemble joue-t-il?*
   Il joue dans la salle d'assemblée et il accompagne aussi la chorale à l'église.

7 *Quel musicien classique préfères-tu?*
   Je préfère . . .

8 *A quelle époque vivait-il?*
   Il vivait au dix-huitième (dix-neuvième) siècle.

9 *De quelle nationalité était-il?*
   Il était anglais (allemand, français, italien, russe . . .).

10 *Joues-tu aussi d'un autre instrument?*
   Oui, je joue de la flûte.

11 *Passes-tu des examens de musique?*
   Oui, j'en passe deux fois par an.

12 *As-tu peur quand tu joues devant beaucoup de spectateurs?*
   Oui, j'ai peur surtout avant de jouer.

VOCABULAIRE 3b (a, b, c)

1	les loisirs (M)	*leisure*
2	un disque	*a record*
3	jouer aux échecs	*to play chess*
4	jouer *du* piano	*to play the piano*
	jouer *de la* guitare	*to play the guitar*
	jouer *du* violon	*to play the violin*
5	la musique populaire	*popular music*
6	la musique classique	*classical music*
7	*passer* un disque	*to play a record*
8	un tourne-disques	*a record player*
9	un magnétophone	*a cassette recorder and player*
10	un chanteur, une chanteuse	*a singer*
11	un groupe	*a group*
12	dernier, dernière	*last*
13	le palmarès des chansons	*the (pop) charts*
14	cinquième	*fifth*

UNIT 3

15	seizième	*sixteenth*
16	le titre	*the title*
17	coûter	*to cost*
18	une disco(thèque)	*a disco(theque)*
19	célébrer	*to celebrate*
20	un anniversaire	*a birthday*
21	libre (M & F)	*free*
22	trop de	*too much*
23	apprendre à (jouer)	*to learn to (play)*
24	faire partie de	*to be a member of*
25	participer à	*to take part in*
26	un concours	*a competition*
27	difficile (M & F)	*difficult*
28	être en colère	*to be angry*
29	perdre	*to lose*
30	le jeu(x)	*the game(s)*
31	content(e)	*pleased*
32	gagner	*to win*
33	**prendre** une leçon	*to have a lesson*
34	s'exercer	*to practise*
35	un orchestre	*an orchestra*
36	un ensemble	*an ensemble*
37	je voudrais bien!	*I would like to!*
38	la salle d'assemblée	*the assembly hall*
39	la chorale	*the choir*
40	accompagner	*to accompany*
41	un musicien (une musicienne)	*a musician*
42	vivre	*to live*
43	au dix-neuvième siècle	*in the 19th century*
44	la nationalité	*the nationality*
45	allemand(e)	*German*
46	italien(ne)	*Italian*
47	russe (M & F)	*Russian*
48	la flûte	*the flute*
49	**passer** un examen	*to take an exam*
50	réussir **à** un examen	*to pass an exam*
51	par an	*per year*

WEEKEND ACTIVITIES

52 un spectateur (une spectatrice) — *a spectator*
53 surtout — *especially*
54 avant — *before*

UNIT 3

Role play

12 Si on allait au cinéma?

Vincent: Tu es libre demain après-midi?
Gilles: Oui, à trois heures, après mon TD.
Vincent: Si on allait au cinéma?
Gilles: Je veux bien. Où ça?
Vincent: Au ciné-club du Boulevard Saint Germain.
Gilles: On passe quel film?
Vincent: *Le Dernier Métro.*
Gilles: C'est Truffaut le metteur en scène, n'est-ce pas?
Vincent: C'est ça. Il paraît que c'est drôlement bien!
Gilles: D'accord! Mais je suis plutôt fauché!
Vincent: Avec ta carte-jeunes c'est moins cher.
Gilles: Bon! Où est-ce qu'on se retrouve?
Vincent: Au guichet. Je prendrai les places.
Gilles: On ira prendre un pot au café d'à côté.
Vincent: A trois heures et quart, alors!

VOCABULAIRE 12

1	tu es libre?	*are you free?*
2	demain après-midi	*tomorrow afternoon*
3	un TD (travaux dirigés)	*a tutorial*
4	si on allait . . .?	*what about going to . . .?*
5	je veux bien	*I am willing to*
6	*où ça?	*whereabouts?*
7	on passe quel film?	*what film is being shown?*
8	le metteur en scène	*the film director*
9	n'est-ce pas?	*isn't he?*
10	c'est ça!	*that's right!*
11	il paraît que . . .	*it seems that . . .*
12	*c'est drôlement bien!	*it's really good!*
13	d'accord!	*OK!*
14	*je suis plutôt fauché	*I'm nearly broke*

WEEKEND ACTIVITIES

15 la carte-jeunes — *youth card giving reductions in cinemas, theatres, snack bars, etc.*
16 bon! — *fine!*
17 où est-ce qu'on se retrouve? — *where shall we meet?*
18 le guichet — *the box office (cinema)*
19 *prendre* une place — *to buy a seat*
20 on ira — *we shall go*
21 *prendre un pot — *to have a drink (coffee, tea, beer)*
22 le café d'à côté — *the cafe next to it*

13 La surprise-partie

Sophie: Tiens, Jacqueline! Il y a longtemps qu'on s'est pas vues!
Jacqueline: C'est vrai! Je travaillais.
Sophie: Ah oui? Qu'est-ce que tu deviens?
Jacqueline: Je viens de finir mes examens.
Sophie: Ça a marché?
Jacqueline: Oui, pas mal.
Sophie: Alors, faut fêter ça!
Jacqueline: Justement! J'allais t'inviter à ma surprise-partie.
Sophie: C'est quand?
Jacqueline: Jeudi soir.
Sophie: Je peux amener un copain?
Jacqueline: Bien sûr! Il y aura aussi Alain et Gérard.
Sophie: Chouette! On va bien s'amuser.
Jacqueline: J'ai loué la disco du village.
Sophie: Tu veux que j'apporte quelque chose à manger?
Jacqueline: Non, maman va s'occuper de tout.
Sophie: A propos, c'est à quelle heure?
Jacqueline: Ça commence à huit heures.
Sophie: D'accord. A jeudi alors!

UNIT 3

VOCABULAIRE 13

1	tiens!	*hey! I say!*
2	*il y a longtemps qu'on (ne) s'est pas vu(e)s	*I haven't seen you for a long time*
3	c'est vrai	*that's true*
4	qu'est-ce que tu deviens?	*how are you getting on?*
5	je viens *de* finir ...	*I have just finished ...*
6	*ça a marché?	*did it go all right?*
7	pas mal	*not badly*
8	*(il) faut fêter ça!	*it calls for a celebration*
9	justement, j'allais ...	*as a matter of fact, I was going to ...*
10	une surprise-partie, * un boum	*a party*
11	c'est quand?	*when is it?*
12	je peux amener ...?	*can I bring (a person)?*
13	il y aura aussi ...	*there will also be ...*
14	*chouette!	*great!*
15	on va bien s'amuser!	*it will be fun!*
16	j'ai loué	*I've hired*
17	tu veux que j'apporte ...?	*do you want me to bring (anything)?*
18	quelque chose à manger (à boire)	*something to eat (to drink)*
19	s'occuper de tout	*to see to everything*
20	à propos!	*by the way!*
21	ça commence à ...	*it starts at ...*
22	à jeudi alors!	*see you on Thursday then!*

14 A la bibliothèque

Juliette: Pardon, madame, je cherche un livre sur François Ier.

Employée: Quel genre de livre?

Juliette: Une biographie.

Employée: Vous avez regardé à la section Histoire?

WEEKEND ACTIVITIES

Juliette: Je ne trouve rien sur les rayons.
Employée: Consultez le microfiche.
Juliette: Je ne sais pas l'utiliser!
Employée: Je vais vous montrer.

. . . .

Juliette: Ça y est! Voilà, un livre de Castelot.
Employée: Son livre sur Napoléon est passionnant.
Juliette: Je peux sortir son François Ier?
Employée: Vous avez votre carte d'inscription?
Juliette: Zut! Je l'ai oubliée.
Employée: Alors il faut le consulter sur place.
Juliette: Non, je reviendrai. Je préfère l'emprunter.
Employée: Comme vous voulez!
Juliette: Vous pourriez me le mettre de côté?
Employée: Jusqu'à quand?
Juliette: Demain, s'il vous plaît. Voici la référence.
Employée: D'accord!

VOCABULAIRE 14

1	la bibliothèque	*the library*
2	un livre sur François Ier	*a book about Francis the First*
3	quel genre de livre?	*what sort of book?*
4	une biographie	*a biography*
5	la section Histoire	*the history section*
6	je ne trouve rien	*I can't find anything*
7	un rayon	*a shelf*
8	consultez	*refer to, consult*
9	le microfiche	*microfiche catalogue*
10	je ne sais pas l'utiliser!	*I don't know how to use it!*
11	je vais vous montrer	*I shall show you*
12	*ça y est!	*that's it!*
13	passionnant(e)	*fascinating*
14	sortir un livre	*to take out a book*
15	une carte d'inscription	*a membership card*
16	*zut!	*drat!*
17	je l'ai oublié(e)	*I have forgotten it*
18	sur place	*on the premises*
19	je reviendrai	*I shall come back*

UNIT 3

20	emprunter	*to borrow*
21	comme vous voulez!	*as you wish/please yourself!*
22	vous pourriez me le mettre de côté?	*could you put it aside for me?*
23	jusqu'à quand?	*until when?*
24	demain	*tomorrow*
25	la référence	*the reference*

Unit 4

School

Practice

1 *Parle-moi un peu de ton école.*
    C'est une école privée (publique).
    Elle se trouve dans la partie nord de Leamington.
    Elle s'appelle . . .
    Elle a 370 élèves environ.

2 *Est-ce que c'est une école mixte?*
    C'est surtout une école de garçons, mais il y a quelques filles.

3 *Ça te plaît d'avoir des filles dans ta classe?*
    Oui, parce qu'elles sont sympathiques.

4 *Ton école est-elle ancienne?*
    Oui, elle a plus de cent ans.
    Non, elle est neuve.

5 *Quel âge avais-tu quand tu es venu à cette école?*
    J'avais six ans.

6 *Dans quelle classe es-tu?*
    Je suis en cinquième (sixième).

7 *Vas-tu passer un examen cette année?*
    Oui, je vais passer l'examen de . . .
    Non, je vais passer un examen l'année prochaine.

8 *A quelle heure arrives-tu à l'école le matin?*
    J'y arrive à huit heures et demie.

UNIT 4

9 *Dis-moi ce que tu fais quand tu arrives.*
   Je vais mettre mon veston (ma veste) et ma casquette (mon chapeau) au vestiaire. Puis je vais dans ma classe pour l'appel.

10 *Qui fait l'appel?*
   C'est le professeur en charge de notre classe.

11 *Est-ce que les leçons commencent tout de suite?*
   Non, nous allons d'abord à la salle d'assemblée.

12 *Qu'est-ce qui se passe dans cette salle?*
   Il y a un service religieux pour les élèves et les professeurs.

13 *Qui dirige ce service?*
   C'est le directeur.

14 *Est-il sévère le directeur de ton école?*
   Oui, il est assez sévère.

15 *Quelle est ta première leçon le lundi matin?*
   C'est une leçon d'anglais.
                    de français
                    de géographie

16 *As-tu cours l'après-midi?*
   Oui, sauf le lundi et le mercredi après-midi.

17 *Qu'est-ce que les élèves font le lundi et le mercredi après-midi?*
   Ils vont au terrain de sport.

18 *Comment y vont-ils?*
   Ils y vont dans un petit car ou à pied.

19 *Quelle matière préfères-tu?*
   Je préfère le dessin.
                 la musique
                 la gymnastique

20 *Es-tu fort en mathématiques?*
   Oui, je suis assez bon.
   Non, je les trouve difficiles.

SCHOOL

21 *Quelles langues apprenez-vous à ton école?*
   Nous apprenons l'anglais, le français, l'allemand et le latin.

22 *Depuis combien de temps apprends-tu le français?*
   Je l'apprends depuis quatre ans.

23 *Où faites-vous des sciences?*
   Nous en faisons au laboratoire.

24 *Qu'est-ce qu'il y a au laboratoire?*
   Il y a beaucoup d'instruments et quelques ordinateurs.

25 *Aimes-tu utiliser un ordinateur?*
   Oui, c'est facile.

26 *Combien de temps la récréation dure-t-elle?*
   Elle dure vingt minutes.

27 *Où passes-tu la récréation?*
   Je la passe dans la cour.

28 *Que faites-vous, tes camarades et toi, quand il pleut pendant la récréation?*
   Nous bavardons dans notre classe.

29 *Où prenez-vous les repas?*
   Nous les prenons au réfectoire.

30 *A quelle heure prenez-vous le déjeuner?*
   Nous le prenons à une heure et quart.

31 *Qu'est-ce qu'il y a sur les tables du réfectoire quand vous entrez?*
   Il y a les couverts, le sel, la carafe d'eau et le dessert.

32 *Dis-moi comment se passe le repas.*
   D'abord nous nous asseyons à notre place.
   Puis nous allons chercher notre repas et nous revenons manger à la table.

33 *Qui sert le dessert?*
   C'est le professeur assis à notre table.

UNIT 4

34 *Avez-vous la permission de parler pendant le déjeuner?*
   Oui, mais quelquefois une clochette sonne et il faut se taire.

35 *Que font les élèves après le déjeuner?*
   Ils vont lire en silence dans leur classe.

36 *Qui surveille les élèves pendant la lecture silencieuse?*
   C'est un préfet.

37 *Es-tu préfet?*
   Oui, je le suis.
   Non, je ne suis pas assez sage!

38 *Que faites-vous pendant les leçons de dessin?*
   Nous dessinons et nous peignons.

39 *Et pendant les leçons de musique?*
   Nous apprenons à chanter.
   Nous écoutons des disques de musique classique.

40 *Fais-tu partie de la chorale?*
   Oui, j'en fais partie.
   Non, je ne chante pas assez bien!

41 *A quelle heure les cours de l'après-midi finissent-ils?*
   Ils finissent à quatre heures moins cinq.

42 *Rentres-tu chez toi après les cours?*
   Oui, car je suis externe.
   Non, car je suis pensionnaire.

43 *Où fais-tu tes devoirs?*
   Je les fais chez moi.
                   dans la salle de classe, à l'étude

44 *Combien de temps passes-tu à faire tes devoirs?*
   Je passe une heure environ.

45 *Quels devoirs as-tu faits hier soir?*
   J'ai fait de l'histoire et de l'anglais.

46 *A quelle heure les internes prennent-ils le goûter?*
   Ils le prennent à cinq heures.

SCHOOL

47 *Où les internes dorment-ils?*
   Ils dorment au dortoir.

48 *Décris-moi ton uniforme.*
   Je porte un pantalon gris foncé,
       une chemise et un tricot gris,
       une cravate rouge et noire,
       un veston et une casquette bordeaux.
   Je porte une jupe et un tricot gris,
       un chemisier blanc,
       une cravate rouge et noire,
       un chapeau et une veste bordeaux.

VOCABULAIRE 4

1	une école privée	*a private school*
2	une école publique	*a state school*
3	un collège privé	*a public school*
4	la partie nord	*the northern part*
5	environ	*approximately*
6	une école mixte	*a co-educational school*
7	surtout	*mainly*
8	une classe	*a form, a classroom*
9	en cinquième	*in the 5th form*
10	en sixième	*in the 6th form*
11	passer un examen	*to take an exam*
12	l'année prochaine	*next year*
13	le vestiaire	*the cloakroom*
14	faire l'appel	*to call the register*
15	en charge de	*in charge of*
16	la salle d'assemblée	*the assembly hall*
17	se passer	*to take place*
18	un service religieux	*a religious service*
19	le directeur	*the headmaster*
20	la directrice	*the headmistress*
21	sévère	*severe/stern*
22	assez	*fairly*
23	l'anglais	*English*
24	le français	*French*

UNIT 4

25	la géographie	*geography*
26	l'allemand	*German*
27	un cours	*a lesson*
28	avoir cours	*to have lessons*
29	sauf	*except*
30	le terrain de sport	*the sports field*
31	un car	*a coach*
32	un petit car	*a minibus*
33	une matière	*an academic subject*
34	le dessin	*drawing/art*
35	la gymnastique	*PE*
36	Es-tu fort(e) en?	*Are you good at?*
37	les mathématiques	*maths*
38	difficile (M & F)	*difficult*
39	une langue	*a language*
40	une langue étrangère	*a foreign language*
41	le latin	*Latin*
42	les sciences	*science*
43	le laboratoire	*the laboratory*
44	un instrument	*an instrument*
45	utiliser	*to use*
46	facile (M & F)	*easy*
47	silencieux, silencieuse	*silent*
48	la lecture	*reading*
49	un préfet	*a prefect*
50	sage (M & F)	*well behaved*
51	dessiner	*to draw*
52	peindre	*to paint*
53	chanter	*to sing*
54	la chorale	*the choir*
55	pas assez bien	*not well enough*
56	un(e) externe	*a day pupil*
57	un(e) pensionnaire	*a boarder*
58	un(e) interne	*a boarder*
59	les devoirs	*prep/homework*
60	l'étude (F)	*prep period at school in the evening*
61	le goûter	*the afternoon tea*
62	le dortoir	*the dormitory*

SCHOOL

Role play

15 Le nouveau

Hervé: Qui c'est ce gars-là?
Alain: C'est Robert, un nouveau.
Hervé: On va lui parler?
Alain: Oui, il a l'air paumé.
. . . .
Hervé: Salut mon vieux! Tu es nouveau?
Nouvel élève: Oui, je viens d'arriver.
Alain: A quelle école tu étais avant?
Nouvel élève: Au lycée d'Alger. Mon père a été transféré.
Hervé: Il fait quoi ton père?
Nouvel élève: Il est directeur commercial.
Alain: T'es dans quelle classe?
Nouvel élève: En première.
Hervé: C'est moche de changer en plein trimestre!
Nouvel élève: Ouais! Mais il fallait bien!
Alain: T'en fais pas! On te mettra à la page.
Nouvel élève: Vous êtes chic.
Hervé: Alors on se revoit avant l'étude?
Nouvel élève: Parfait. A tout à l'heure!

VOCABULAIRE 15

1	qui c'est ce gars-là?	*who is that guy?*
2	un nouveau (un nouvel élève)	*a new pupil*
3	on va lui parler?	*shall we go and talk to him?*
4	*il a l'air paumé (perdu)	*he looks lost*
5	*salut mon vieux!	*hello, old chap!*
6	je viens d'arriver	*I have just arrived*
7	à quelle école tu étais avant?	*which school were you at before?*
8	il a été transféré	*he has been moved*
9	*il fait quoi ton père?	*what does your father do?*
10	un directeur commercial	*a sales manager*

UNIT 4

11 *t'es (tu es) dans quelle classe? — *which form are you in?*
12 en première — *in the lower sixth*
13 *c'est moche — *it's awful*
14 en plein trimestre — *in the middle of term*
15 *ouais! (oui) — *yeah!*
16 il fallait bien! — *it had to be done!*
17 *(ne) t'en fais pas! — *don't worry!*
18 *on te mettra à la page — *we'll put you in the picture*
19 chic (M & F, S & P) — *kind, decent*
20 on se revoit — *we'll meet again*
21 parfait! — *great!*
22 l'étude — *prep time*
23 à tout à l'heure! — *see you in a while!*

16 L'appel téléphonique

Jean-Pierre: Allô? Le 94–76–29–54?
Madame Lafitte: Oui. Qui est à l'appareil?
Jean-Pierre: C'est Jean-Pierre. Je suis dans la même classe que Sylvie.
Madame Lafitte: Ah oui! Elle m'a parlé de vous.
Jean-Pierre: Je pourrais parler à Sylvie?
Madame Lafitte: Ne quittez pas! Je vais voir si elle est là.
. . . .
Madame Lafitte: Je regrette, elle est sortie.
Jean-Pierre: Vous savez à quelle heure elle sera là?
Madame Lafitte: Non, aucune idée. Vous voulez laisser un message?
Jean-Pierre: C'est au sujet des maths pour demain.
Madame Lafitte: Vous voulez qu'elle vous rappelle?
Jean-Pierre: Oui. Si ça ne l'ennuie pas!
Madame Lafitte: Je lui ferai la commission.
Jean-Pierre: Merci. Excusez-moi de vous avoir dérangée.
Madame Lafitte: Mais, je vous en prie.

SCHOOL

VOCABULAIRE 16

1. un appel téléphonique — *a telephone call*
2. qui est à l'appareil? — *who is calling?*
3. la même classe — *the same form*
4. elle m'a parlé de vous — *she mentioned you to me*
5. je pourrais parler à . . .? — *could I speak to . . .?*
6. ne quittez pas! — *hold the line!*
7. je vais voir si elle est là (ici) — *I'll check if she is there (here)*
8. je regrette — *I'm sorry*
9. elle est sortie — *she is out*
10. vous savez à quelle heure . . .? — *do you know what time . . .?*
11. elle sera là — *she will be there*
12. *aucune idée (je n'en ai aucune idée) — *no idea (I've no idea)*
13. vous voulez laisser un message? — *do you want to leave a message?*
14. c'est au sujet des maths — *it's about the maths*
15. vous voulez qu'elle vous rappelle? — *do you want her to ring you back?*
16. si ça ne l'ennuie pas! — *if she does not mind!*
17. je lui ferai la commission — *I shall pass on the message*
18. excusez-moi de vous avoir dérangé(e) — *sorry to have disturbed you*
19. je vous en prie! — *my pleasure!*

17 Comparaisons

Philippe: Nicole, où est-ce que tu vas à l'école?
Nicole: Au Collège Pasteur. Et toi?
Philippe: Je vais au Lycée Charles de Gaulle, à Londres.
Nicole: Ah oui? Pourquoi?
Philippe: Mon père travaille pour une firme anglaise.
Nicole: Ça te plaît d'être là-bas?
Philippe: Ça m'est égal!
Nicole: Y a longtemps que tu y es?

UNIT 4

Philippe: Ça fait trois ans.
Nicole: Tes profs sont tous anglais?
Philippe: Non, la plupart sont français.
Tes profs à toi, ils sont sympa?
Nicole: Oui, assez. Le prof de maths est sensass.
Celui de sciences est barbant.
Philippe: Tu restes à la cantine à midi?
Nicole: Non, parce que la bouffe n'est pas terrible!
Philippe: Au lycée la nourriture est fameuse.
Nicole: Tu as cours le samedi matin?
Phlippe: Non, je suis libre.
Nicole: Veinard! Ah! Il faut que je file. A un de ces jours!

VOCABULAIRE 17

1	une comparaison	*a comparison*
2	un collège, un lycée	*a secondary school*
3	à Londres	*in London*
4	une firme	*a company/a firm*
5	ça te plaît de . . .?	*do you like to . . .?*
6	là-bas	*over there*
7	*(il) y a longtemps que tu y es?	*have you been there long?*
8	ça m'est égal!	*I don't mind!*
9	ça fait trois ans	*it is three years now*
10	la plupart	*most of them*
11	*un prof (professeur)	*a teacher*
12	*tes profs à toi	*your own teachers*
13	*sympa (sympathique)	*friendly/nice*
14	assez	*fairly*
15	*sensass (sensationnel)	*fantastic*
16	*barbant(e), (ennuyeux)	*boring*
17	la cantine	*school lunch service*
18	*la bouffe (la nourriture)	*the grub/the food*
19	*pas terrible	*not marvellous*
20	*fameux, fameuse	*first rate*
21	*veinard(e)!	*lucky thing!*
22	*il faut que je file!	*I must be off!*
23	à un de ces jours!	*see you!*

Unit 5

Travel and holidays

Practice

a Seaside holidays

1 *Où as-tu passé les grandes vacances?*
   Je les ai passées au bord de la mer.

2 *Où es-tu allé(e) au bord de la mer?*
   J'y suis allé(e) en Cornouaille.
                  dans le Devon
                  en Ecosse
                  au Pays de Galles

3 *Comment y es-tu allé(e)?*
   J'y suis allé(e) en voiture.

4 *Combien de temps le voyage a-t-il duré?*
   Il a duré cinq heures (huit heures).

5 *Parle-moi de ton voyage.*
   Nous sommes partis à huit heures du matin.
   Nous avons roulé quatre heures sur l'autoroute.
   Puis nous nous sommes arrêtés à une station-service.
   Là, nous avons déjeuné et papa a acheté de l'essence.
   Nous sommes repartis et nous sommes arrivés l'après-midi.

6 *Où étaient tous vos bagages?*
   Ils étaient dans le coffre et sur le toit de la voiture.

UNIT 5

7 *Etes-vous descendus à l'hôtel?*
    Oui, nous y sommes descendus.
    Non, nous avons fait du camping.
    Non, nous avions notre caravane.

8 *L'hôtel (le terrain de camping) était loin de la mer?*
    Non, il était tout près.

9 *Où preniez-vous les repas?*
    Nous faisions un pique-nique sur la plage à midi.
    Le soir nous dînions à l'hôtel.
                   au restaurant
                   dans la caravane
                   sous la tente

10 *Passiez-vous toute la journée à la plage?*
    Oui, nous y restions toute la journée.

11 *Sais-tu nager?*
    Oui, je le sais.

12 *Que portes-tu pour nager?*
    Je porte un slip de bain.
          un maillot de bain

13 *Et quand on veut nager sous l'eau que faut-il porter?*
    Il faut porter un masque, des palmes et un tuba.

14 *A quoi servent le masque et le tuba?*
    Le masque sert à mieux voir sous l'eau et le tuba sert à respirer.

15 *Dis-moi ce que tu fais après le bain?*
    Je me sèche au soleil.
    Je joue au ballon ou au tennis.
    Je cherche des coquillages sur les rochers.

16 *Quels coquillages trouves-tu?*
    Je trouve des moules et des crabes.

17 *Est-ce que tu les manges quand tu en trouves?*
    Oui, ma mère les fait cuire.
    Non, je les donne.

TRAVEL AND HOLIDAYS

18 *Fais-tu encore des châteaux de sable?*
   Oui, j'en fais quelquefois.

19 *Que faut-il pour faire un château de sable?*
   Il faut une pelle et un seau.

20 *As-tu fait du bateau l'an dernier?*
   Oui, j'en ai fait.
   Non, je n'en ai pas fait.

21 *Décris-moi ton bateau.*
   C'est un canot pneumatique rouge à deux places.
   C'est un petit bateau à voile.
   C'est un canot automobile à quatre places.
   C'est un canoë orange et long à une place.

22 *Comment avance-t-il?*
   Il faut pagayer.
   Il faut ramer.
   Le vent le pousse.
   Il a un moteur.

23 *Sais-tu faire de la planche à voile?*
   Oui, j'aime beaucoup cela.
   Non, mais je voudrais apprendre.

24 *Y avait-il un phare près de la plage?*
   Non, il était près du port de pêche.

25 *A quoi sert un phare?*
   Il sert à éclairer les rochers dangereux pour les bateaux.

26 *Aimes-tu aller pêcher en mer?*
   Oui, j'y vais quelquefois avec mon père et un vieux pêcheur.

27 *Fais-tu du ski nautique?*
   J'en fais rarement car ça coûte cher.

28 *Pourquoi?*
   Il faut louer un hors-bord pour en faire.

UNIT 5

VOCABULAIRE 5a

1	les grandes vacances	*summer holidays*
2	au bord de la mer	*at the seaside*
3	à l'étranger	*abroad*
4	en Cornouaille	*in Cornwall*
5	en Ecosse	*in Scotland*
6	au Pays de Galles	*in Wales*
7	le voyage	*the journey*
8	durer	*to last*
9	rouler	*to drive*
10	une autoroute	*a motorway*
11	une station-service	*petrol station*
12	l'essence (F)	*petrol*
13	faites le plein s'il vous plaît!	*fill it (her) up please!*
14	les bagages	*luggage*
15	le toit de la voiture	*the car roof*
16	descendre à l'hôtel	*to stay at a hotel*
17	faire du camping	*to go camping*
18	camper	*to camp*
19	une caravane	*a caravan*
20	le terrain de camping	*the campsite*
21	tout près	*very close*
22	*faire* un pique-nique	*to picnic*
23	à midi	*at noon*
24	dîner	*to dine*
25	le dîner	*dinner*
26	au restaurant	*at the restaurant*
27	la tente	*the tent*
28	passer la journée	*to spend the day*
29	la plage	*the beach*
30	sais-tu nager?	*can you swim?*
31	un slip de bain	*swimming trunks*
32	un maillot de bain	*swimming costume*
33	un masque	*a mask*
34	des palmes (F)	*flippers*
35	un tuba	*a snorkel*
36	à quoi sert?	*what is the use of?*
37	mieux	*better (adverb)*
38	voir	*to see*

TRAVEL AND HOLIDAYS

39	respirer	*to breathe*
40	le bain	*bathing*
41	*au* soleil	*in the sun*
42	un ballon	*a large ball*
43	un coquillage	*a shellfish*
44	un rocher	*a rock*
45	une moule	*a mussel*
46	un crabe	*a crab*
47	faire cuire	*to cook*
48	un château de sable	*a sandcastle*
49	le sable	*the sand*
50	une pelle	*a spade (sand)*
51	un seau	*a bucket*
52	faire du bateau	*to go boating*
53	l'an dernier	*last year*
54	un canot pneumatique	*a rubber dinghy*
55	une place	*a seat*
56	un bateau à voile	*a sailing boat*
57	un canot automobile	*a motorboat*
58	un canoë	*a canoe*
59	pagayer	*to paddle*
60	ramer	*to row*
61	le vent	*the wind*
62	pousser	*to push*
63	un moteur	*a motor*
64	la planche à voile	*wind-surfing*
65	un phare	*a lighthouse*
66	un port de pêche	*a fishing port*
67	éclairer	*to light up*
68	dangereux (dangereuse)	*dangerous*
69	pêcher	*to fish*
70	un pêcheur	*fisherman*
71	faire du ski nautique	*to go water-skiing*
72	ça coûte cher	*it is expensive*
73	louer	*to hire*
74	un hors-bord	*a speedboat*

UNIT 5

b Holidays abroad

1 *Où as-tu passé les grandes vacances?*
   Je les ai passées à l'étranger.

2 *Dans quel pays es-tu allé(e)?*
   Je suis allé(e) en France.
                  en Italie
                  en Allemagne
                  en Suisse
                  en Espagne

3 *Comment y es-tu allé(e)?*
   J'y suis allé(e) par le train et en ferry.

4 *Que faut-il obtenir avant de partir à l'étranger?*
   Il faut obtenir un passeport.

5 *De quelle nationalité es-tu?*
   Je suis Anglais(e).

6 *Avant d'embarquer sur le ferry où as-tu dû passer?*
   J'ai dû passer à la douane.

7 *Qui a vérifié ton passeport?*
   C'est un douanier.

8 *As-tu eu des difficultés à la douane?*
   En France, le douanier m'a posé quelques questions.

9 *Voyageais-tu seul(e)?*
   Oui, j'étais seul(e).
   Non, j'étais avec mes parents.

10 *Qui t'attendait à l'arrivée?*
   C'était mon correspondant français.
   C'étaient des amis.
   Personne.

11 *Es-tu descendu(e) à l'hôtel?*
   Oui, j'y suis descendu(e).
   Non, je suis descendu(e) chez mon correspondant.
   Non, nous sommes allés chez des amis.

TRAVEL AND HOLIDAYS

12 *Quelle ville (région) as-tu visitée?*
   J'ai visité Cannes.
              Rome
              Genève
              Barcelone
              la Bretagne
              la Normandie

13 *Qu'est-ce qui t'a le plus intéressé(e)?*
   C'est le port de Cannes (de Barcelone).
   Ce sont les monuments antiques.
   C'est la vieille ville de Genève et le lac.
   C'est le Mont St Michel.

14 *Qu'as-tu fait aussi?*
   J'ai fait des excursions.
   J'ai fait du ski.
   J'ai visité des musées.

15 *Es-tu allé(e) dans un restaurant français?*
                              italien
                              suisse
                              allemand
                              espagnol
   Oui, j'y suis allé(e) plusieurs fois.

16 *Comment trouves-tu la cuisine française/italienne . . .?*
   Je la trouve très bonne.
   Je ne l'aime pas beaucoup.

17 *Qu'est-ce que tu aimes surtout?/n'aimes pas du tout?*
   J'aime le bifteck pommes frites.
          les glaces italiennes
          le petit déjeuner suisse
          les saucisses allemandes
          la paëlla espagnole
   Je n'aime pas les escargots.
                  le café très fort italien
                  la fondue suisse
                  la choucroute allemande

UNIT 5

18 *As-tu parlé avec les gens du pays?*
    Oui, j'ai parlé un peu avec eux.
    Non, car je ne sais pas parler allemand.
                                  italien
                                  espagnol

19 *Combien de temps es-tu resté(e) à l'étranger?*
    J'y suis resté(e) deux semaines.
                      un mois

20 *Combien de pays étrangers as-tu visités?*
    J'en ai visité deux (trois).
    C'était mon premier voyage à l'étranger.

21 *Où voudrais-tu aller si tu avais beaucoup d'argent?*
    Je voudrais aller aux Etats-Unis.
                      au Canada
                      en Afrique
                      en Russie
                      au Japon

VOCABULAIRE 5b

1	un pays	*a country*
2	en France	*in France*
3	en Italie	*in Italy*
4	en Allemagne	*in Germany*
5	en Suisse	*in Switzerland*
6	en Espagne	*in Spain*
7	en ferry	*by the ferry*
8	obtenir	*to obtain, to get*
9	un passeport	*a passport*
10	la nationalité	*nationality*
11	anglais(e)	*English*
12	embarquer	*to embark*
13	la douane	*customs*
14	passer à la douane	*to go through customs*
15	vérifier	*to verify, check*
16	un douanier	*a customs officer*
17	des difficultés (F)	*difficulties*
18	poser une question	*to ask a question*

TRAVEL AND HOLIDAYS

19	l'arrivée (F)	*arrival*
20	un(e) correspondant(e)	*a penfriend*
21	personne	*no one*
22	une ville	*a town*
23	visiter	*to visit*
24	la Bretagne	*Brittany*
25	la Normandie	*Normandy*
26	un monument antique	*an ancient monument*
27	le lac	*the lake*
28	faire des excursions	*to go on excursions (trips)*
29	faire du ski (OR skier)	*to ski*
30	un musée	*a museum*
31	italien(ne)	*Italian (ADJECTIVE)*
32	suisse (M & F)	*Swiss (ADJECTIVE)*
33	allemand(e)	*German (ADJECTIVE)*
34	espagnol(e)	*Spanish (ADJECTIVE)*
35	un Italien	*an Italian*
36	un Allemand	*a German*
37	un Espagnol	*a Spaniard*
38	plusieurs fois	*several times*
39	la cuisine	*cooking*
40	surtout	*above all/mainly*
41	pas du tout	*not at all*
42	les (pommes) frites (F)	*chips*
43	une glace	*an ice cream*
44	une saucisse	*a sausage*
45	la paëlla	*Spanish dish of rice cooked in oil with mussels, shellfish and meat*
46	un escargot	*a snail*
47	fort(e)	*strong*
48	la fondue	*Swiss dish prepared with melted cheese in white wine, into which one dips pieces of bread*
49	la choucroute	*sauerkraut (dish prepared with finely cut cabbage slightly fermented in brine) and served with sausages*

UNIT 5

50 les gens (M)	*the people*
51 avec eux (elles)	*with them*
52 étranger (étrangère)	*foreign*
53 aux Etats-Unis	*in the USA*
54 au Canada	*in Canada*
55 en Afrique	*in Africa*
56 en Russie	*in Russia*
57 au Japon	*in Japan*

c Holidays at home

1 *Où as-tu passé les vacances de Noël?*
   Je les ai passées chez moi.

2 *Aimes-tu passer tes vacances à la maison?*
   Non, je m'ennuie à la maison.
   Oui, parce que je suis pensionnaire et je ne suis pas beaucoup à la maison.

3 *Comment passes-tu le temps à la maison?*
   Je lis, je regarde la télévision et j'invite des amis.

4 *A quoi joues-tu avec tes ami(e)s?*
   S'il fait beau, nous faisons une partie de ballon dans le jardin.
   S'il pleut, nous jouons à des jeux de société ou nous jouons avec mon ordinateur.

5 *Quel est ton jeu de société préféré?*
   C'est le jeu d'échecs.
   C'est le jeu de monopoly.
   C'est le jeu de cartes.

6 *Te lèves-tu de bonne heure pendant les vacances?*
   Non, je me lève assez tard.

7 *Ta mère t'apporte-t-elle le petit déjeuner au lit?*
   Non, seulement quand je suis malade.

TRAVEL AND HOLIDAYS

8 *Aides-tu ta mère pendant les vacances?*
    Oui, je fais la vaisselle.
       je mets la table avant les repas
       je fais des courses

9 *Travailles-tu dans le jardin quelquefois?*
    Oui, en été j'arrose les fleurs et j'arrache les mauvaises herbes.
    En automne, je ramasse les feuilles mortes.
    En hiver, je n'y vais pas.

10 *Tes parents ont-ils invité des amis pour Noël?*
    Non, mais ils ont invité mes grands-parents.

11 *Y avait-il un arbre de Noël chez toi?*
    Oui, il y en avait un.

12 *Qui l'a décoré?*
    C'est moi.
    Ma mère.

13 *Dis-moi ce que tu as fait le Jour de Noël!*
    Le matin je suis allé(e) à l'église.
    A une heure nous avons pris un repas délicieux.
    L'après-midi, nous avons ouvert nos cadeaux.
    Le soir, nous sommes allés voir des amis.

14 *Quels cadeaux as-tu offerts à tes parents?*
    J'ai offert de jolis mouchoirs à ma mère et un disque à mon père.

15 *Es-tu allé(e) voir une pièce de théâtre?*
    Non, mais j'ai vu une pantomime.
    Oui, j'ai vu une tragédie de Shakespeare au Théâtre de Stratford.
    Oui, j'ai vu une comédie musicale.

16 *Laquelle?*
    C'était: *Le Chat Botté*.
    C'était: *King Lear*.
    C'était: *Cats* de Andrew Lloyd Webber.

17 *Es-tu allé(e) à Londres?*
    Oui, j'y suis allé(e) passer la journée.

UNIT 5

18 *Qu'allais-tu voir?*
   J'allais voir le Musée d'Histoire Naturelle.

19 *Ça t'a plu?*
   Oui, je voudrais y retourner.

20 *Collectionnes-tu quelque chose à la maison?*
   Oui, je m'occupe de ma collection de timbres.

21 *Vas-tu passer les vacances de Pâques à la maison?*
   Non, je vais faire du ski en France.

VOCABULAIRE 5c

1	s'ennuyer	*to get bored*
2	une partie de	*a game of*
3	faire une partie de ballon	*to play catch*
4	faire une partie de football (de tennis)	*to have a game of football (tennis)*
5	un jeu de société	*a game*
6	le jeu d'échecs	*chess*
7	le jeu de cartes	*the game of cards*
8	jouer aux cartes	*to play cards*
9	de bonne heure	*early*
10	assez tard	*fairly late*
11	apporter	*to bring*
12	être malade	*to be ill*
13	faire la vaisselle	*to do the washing up*
14	mettre la table	*to lay the table*
15	arroser	*to water*
16	arracher	*to pull out*
17	les mauvaises herbes	*weeds*
18	les grands-parents	*grandparents*
19	un arbre de Noël	*a Christmas tree*
20	décorer	*to decorate*
21	le Jour de Noël	*Christmas Day*
22	une église	*a church*
23	délicieux (délicieuse)	*delicious*
24	un cadeau	*a present*
25	faire une promenade	*to take a walk*

TRAVEL AND HOLIDAYS

26	l'après-midi	*(in) the afternoon*
27	le soir	*(in) the evening*
28	aller voir	*to go and see/to visit (a person)*
29	offrir (past participle: offert)	*to offer*
30	un mouchoir	*handkerchief*
31	une pièce de théâtre	*a play*
32	une pantomime	*a pantomime*
33	une tragédie	*a tragedy*
34	une comédie musicale	*a musical*
35	lequel? (M) laquelle? (F)	*which one?*
36	*le Chat Botté*	*Puss in Boots*
37	à Londres	*to (in) London*
38	la journée	*the day*
39	ça t'a plu?	*did you like it?*
40	retourner	*to go back*
41	collectionner	*to collect*
42	une collection (de timbres)	*(stamp) collection*
43	s'occuper de	*to look after/to keep busy with*
44	Pâques	*Easter*

---

d Holidays in the mountains

---

1 *Où as-tu passé les vacances de Pâques?*
   Je les ai passées en montagne.

2 *Où es-tu allé(e)?*
   Je suis allé(e) dans les Alpes françaises.

3 *Qu'est-ce que tu as fait?*
   J'ai fait du ski.

4 *Depuis combien de temps fais-tu du ski?*
   J'en fais depuis cinq ans.

UNIT 5

5 *Qui t'a appris à skier?*
   C'est un moniteur de ski.

6 *As-tu peur de tomber?*
   Non, car j'ai appris à tomber.

7 *Que portes-tu pour faire du ski?*
   Je porte un pantalon de ski,
   un anorak,
   un bonnet de laine,
   des bottes,
   des gants,
   et des lunettes de soleil.

8 *As-tu des skis à toi?*
   Non, je les loue, avec les bâtons.

9 *Quelles pistes prends-tu généralement?*
   Je prends les pistes rouges ou noires.

10 *Alors, tu es bon skieur (bonne skieuse)?*
   Oui, je suis assez bon(ne).

11 *Descends-tu à l'hôtel généralement?*
   Non, mes camarades et moi, nous allons dans une auberge de jeunesse.

12 *Que faisais-tu le soir?*
   J'allais à une disco avec mes camarades.

13 *Où preniez-vous le déjeuner?*
   Nous le prenions dans un chalet sur la montagne.

14 *Comment grimpiez-vous sur la montagne pour skier?*
   Nous prenions un télésiège.

15 *Quel temps faisait-il?*
   Le soleil brillait fort pendant la journée, mais la nuit, il gelait.

16 *As-tu eu froid?*
   Non, car l'auberge était confortable.

17 *Es-tu revenu bronzé(e)?*
   Mon visage seulement était bronzé.

TRAVEL AND HOLIDAYS

18 *Y avait-il beaucoup de neige?*
   Oui, et elle était très bonne.

19 *Y a-t-il eu des accidents?*
   Oui, un camarade s'est cassé la jambe.

20 *Où l'a-t-on conduit?*
   On l'a conduit à l'hôpital.

21 *As-tu fait du patinage?*
   Oui, il y avait une patinoire dans le village.

22 *Vas-tu toujours à la même station de ski?*
   Non, je suis aussi allé(e) en Suisse et en Allemagne.

23 *Préfères-tu la montagne ou la mer?*
   J'aime les deux.

VOCABULAIRE 5d

1	en montagne(s)	*in the mountains*
2	les Alpes	*the Alps*
3	faire du ski / skier	*to ski*
4	un moniteur de ski	*a ski instructor*
5	avoir peur de	*to be afraid of*
6	tomber	*to fall*
7	un anorak	*an anorak*
8	un bonnet de laine	*a woolly hat*
9	la laine	*wool*
10	des lunettes (F) de soleil	*sunglasses*
11	un ski	*a ski*
12	une paire de skis	*a pair of skis*
13	des skis à toi	*skis belonging to you*
14	louer	*to hire*
15	un bâton de ski	*a ski pole*
16	une piste	*a ski run*
17	alors	*so*
18	un skieur (une skieuse)	*a skier*
19	assez bon(ne)	*fairly good*
20	une auberge	*an inn*

UNIT 5

21	une auberge de jeunesse	*a youth hostel*
22	un chalet	*a chalet*
23	grimper	*to climb*
24	un télésiège	*a chairlift*
25	une disco(thèque)	*a disco(theque)*
26	briller	*to shine*
27	fort	*hard (brightly)*
28	geler	*to freeze*
29	*avoir* froid	*to be cold*
30	confortable	*comfortable*
31	le visage	*the face*
32	bronzé(e)	*suntanned*
33	la neige	*snow*
34	un accident	*an accident*
35	il s'est cassé *la* jambe	*he broke his leg*
36	à l'hôpital	*to (in) the hospital*
37	du patinage (sur glace)	*ice skating*
38	la glace	*ice*
39	glacé(e)	*icy*
40	une patinoire	*an ice rink*
41	toujours	*still/always*
42	même (M & F)	*same*
43	une station de ski	*a ski resort*
44	j'aime les deux	*I like them both*

e Holidays in Paris

1 *Es-tu allé(e) à Paris?*
   Oui, j'y suis allé(e).

2 *Quand y es-tu allé(e)?*
   J'y suis allé(e) il y a deux ans.

3 *Qu'as-tu visité à Paris?*
   J'ai visité le Louvre, Notre-Dame, le Centre Pompidou, et je suis monté(e) à la Tour Eiffel.

4 *Comment es-tu allé(e) d'un quartier à l'autre?*
   J'ai pris le métro ou l'autobus.

TRAVEL AND HOLIDAYS

5 *Dis-moi ce que tu fais quand tu prends le métro.*
    Je cherche ma direction sur le plan de métro,
    je prends un ticket à la station,
    je composte mon ticket,
    et je me dirige vers le quai.

6 *Quelle station préfères-tu?*
    Je préfère la station du Louvre.

7 *Qu'est-ce que c'est que le Louvre?*
    C'est un très grand musée.

8 *Qu'est-ce que tu y as vu?*
    J'y ai vu la Joconde et beaucoup de peintures, de statues et de sculptures.

9 *As-tu fait des promenades à pied?*
    Oui, le long des quais de la Seine.

10 *Es-tu allé(e) sur la Seine?*
    Oui, j'ai pris un bateau-mouche.

11 *Sais-tu combien de ponts il y a sur la Seine?*
    Il y en a trente-cinq.

12 *Peux-tu nommer deux ou trois de ces ponts?*
    Il y a le Pont-Neuf, le Pont de la Concorde, le Pont St Michel.

13 *Quel est le plus ancien de tous les ponts?*
    C'est le Pont-Neuf.

14 *Où se trouve la cathédrale Notre-Dame?*
    Elle se trouve dans l'Ile de la Cité.

15 *Que sais-tu de l'Ile de la Cité?*
    C'est là que Paris est né.

16 *Y a-t-il une autre île au milieu de la Seine?*
    Oui, l'Ile St Louis.

17 *Qu'est-ce qu'il y a au Quartier latin, sur la rive gauche?*
    Il y a l'Université, la Sorbonne et beaucoup de librairies.

UNIT 5

18 *Qu'as-tu vu sur la rive droite, en face de l'Ile de la Cité?*
    J'ai vu l'Hôtel de Ville.

19 *Qu'est-ce que c'est que le Centre Pompidou?*
    C'est un très grand centre culturel.

20 *Il te plaît?*
    Je trouve le bâtiment un peu bizarre, mais très intéressant.

21 *Es-tu monté(e) tout en haut de la Tour Eiffel?*
    Non, je suis monté(e) jusqu'au deuxième étage.

22 *Qu'as-tu vu?*
    J'ai vu la Seine et tout Paris.
    Au loin, il y avait la colline de Montmartre avec le Sacré-Cœur.

23 *As-tu visité les Invalides?*
    Oui, j'y suis allé(e) pour voir le tombeau de Napoléon.

24 *Es-tu allé(e) au théâtre à Paris?*
    Non, mais un soir, je suis allé(e) à l'Opéra.

25 *Quel endroit de Paris préfères-tu?*
    C'est l'Avenue des Champs-Elysées.

26 *Où se trouve-t-elle?*
    Elle va de l'Arc de Triomphe à la Place de la Concorde.

27 *Es-tu rentré(e) en Angleterre en avion ou par le train?*
    J'ai pris le train.
    J'ai pris l'avion.

28 *Où l'as-tu pris?*
    Je l'ai pris à la Gare du Nord.
    Je l'ai pris à l'aéroport Charles de Gaulle.

TRAVEL AND HOLIDAYS

VOCABULAIRE 5e

1	à Paris	*in Paris*
2	il y a deux ans	*two years ago*
3	la Tour Eiffel	*the Eiffel Tower*
4	un quartier	*a district*
5	le métro	*the Paris underground*
6	un plan	*a street map*
7	un plan de métro	*an underground railway map*
8	un ticket	*a tube (or bus) ticket*
9	la station de métro	*the tube station*
10	composter	*to punch (ticket)* / *to stamp (the date)*
11	se diriger vers	*to make one's way towards*
12	le musée du Louvre	*the Louvre museum*
13	la Joconde	*the Mona Lisa*
14	une peinture	*a painting*
15	une statue	*a statue*
16	une sculpture	*a sculpture*
17	un quai	a) *a platform* b) *an embankment* c) *a quay*
18	la Seine	*the river Seine*
19	un bateau-mouche	*river boat*
20	nommer	*to name*
21	un pont	*a bridge*
22	la cathédrale	*the cathedral*
23	une île	*an island/an isle*
24	l'Ile de la Cité	*the Isle of the Cité*
25	au milieu de	*in the middle of*
26	le Quartier latin	*the Latin quarter*
27	le long de	*along*
28	la rive gauche	*the left bank of the river*
29	la rive droite	*the right bank of the river*
30	l'Université (F)	*the University*
31	une librairie	*a bookshop*
32	l'Hôtel de Ville	*the Town Hall*
33	il te plaît?	*do you like it?*
34	un bâtiment	*a building*

UNIT 5

35	bizarre (M & F)	*odd, strange*
36	intéressant(e)	*interesting*
37	en haut	*a the top*
38	tout en haut	*at the very top*
39	au loin	*in the distance*
40	il y avait	*there was/were*
41	la colline	*the hill*
42	Montmartre	*the Montmartre district north of Paris*
43	le Sacré-Cœur	*the Sacred Heart Church*
44	le tombeau	*the tomb*
45	Napoléon	*Napoleon I*
46	un théâtre	*a theatre*
47	l'Opéra	*the Paris Opera*
48	les Champs-Elysées	*the main avenue in Paris*
49	l'Arc de Triomphe	*the Arch of Triumph*
50	la place	*the square*
51	rentrer	*to return (home)*
52	un aéroport	*an airport*

f Travelling by train

1 *As-tu fait un long voyage en chemin de fer?*
   Oui, j'en ai fait un.

2 *Où allais-tu?*
   J'allais de Paris à Nice.

3 *Quels préparatifs as-tu faits?*
   J'ai fait mes valises.
   J'ai téléphoné à la gare pour savoir l'heure du train.

4 *Comment es-tu allé(e) à la gare?*
   J'ai pris un taxi.

5 *Qu'as-tu dit au chauffeur de taxi?*
   J'ai dit: 'Conduisez-moi à la Gare de Lyon s'il vous plaît.'

TRAVEL AND HOLIDAYS

6 *Dis-moi ce que tu as fait en arrivant à la gare.*
    J'ai pris un billet au guichet.
    J'ai cherché le numéro de quai sur l'indicateur.
    J'ai composté mon billet.
    Je suis passé(e) sur le quai.

7 *Comment as-tu demandé ton billet au guichet?*
    J'ai dit: 'Je voudrais un aller pour Nice s'il vous plaît.'

8 *Voyages-tu en première classe?*
    Non, cela coûte trop cher.

9 *Où les voyageurs attendaient-ils le train?*
    Ils l'attendaient dans la salle d'attente.

10 *Qu'as-tu fait quand le train est arrivé au quai?*
    Je suis monté(e) dans une voiture.
    J'ai cherché une place libre.
    J'ai mis mes valises dans le filet.
    Je me suis installé(e) dans le compartiment.

11 *As-tu voyagé de jour ou de nuit?*
    J'ai voyagé de jour.

12 *Où dorment les voyageurs, la nuit, dans le train?*
    Ils dorment sur des couchettes.

13 *Que fait le contrôleur dans le train?*
    Il inspecte les billets des voyageurs.

14 *Comment as-tu passé le temps pendant le voyage?*
    J'ai lu un magazine.
    J'ai causé avec mes voisins.

15 *As-tu mangé dans le compartiment?*
    Non, je suis allé(e) au wagon-restaurant.

16 *Est-ce que c'est agréable de manger au wagon-restaurant?*
    Oui, car on peut regarder le paysage pendant le repas.

17 *Et à la gare, où peut-on prendre un repas rapide?*
    On peut manger au buffet.

UNIT 5

18 *As-tu voyagé par le TGV?*
   Non, mais j'ai vu le TGV à la gare de Lyon à Paris.

19 *De quelle couleur est-il?*
   Il est orange.

20 *Voudrais-tu prendre le TGV?*
   Oui, car il va très vite et il est très confortable.

21 *Où peut-on déposer ses bagages à la gare en attendant l'heure du train?*
   On peut les laisser à la consigne automatique.

22 *Quelle précaution faut-il prendre en passant sur le quai?*
   Il faut composter son billet.

VOCABULAIRE 5f

1	un voyage	*a journey*
2	en chemin de fer	*by rail*
3	des préparatifs (M)	*preparations*
4	faire ses valises	*to pack*
5	une valise	*a suitcase*
6	téléphoner à quelqu'un	*to telephone someone*
7	l'heure du train	*the train time*
8	un taxi	*a taxi*
9	un chauffeur de taxi	*a taxi driver*
10	conduisez-moi ...	*drive me ...*
11	un billet	*a (train) ticket*
12	le guichet	*the ticket office*
13	le numéro	*the number*
14	l'indicateur (M)	*train timetable*
15	passer sur le quai	*to go on to the platform*
16	un aller	*a single (ticket)*
17	un aller retour	*a return (ticket)*
18	première classe	*first class*
19	coûter	*to cost*
20	un voyageur	*a traveller*
21	la salle d'attente	*the waiting room*
22	une voiture	*a coach*

TRAVEL AND HOLIDAYS

23	une place	*a seat*
24	libre (M & F)	*vacant/free*
25	le filet	*luggage net (rack)*
26	s'installer	*to sit down*
27	un compartiment	*a compartment*
28	voyager de nuit	*to travel by night*
	de jour	*by day*
29	une couchette	*a couchette (berth)*
30	un contrôleur	*a ticket inspector*
31	inspecter	*to check*
32	causer	*to chat*
33	un(e) voisin(e)	*a neighbour*
34	un wagon-restaurant	*a dining-car*
35	agréable (M & F)	*pleasant*
36	le paysage	*the countryside*
37	rapide (M & F)	*fast*
38	le buffet	*the station buffet*
39	le TGV (Train à Grande Vitesse)	*the French High Speed Train*
40	la vitesse	*speed*
41	déposer, laisser	*to leave*
42	un bagage	*an item of luggage*
43	la consigne automatique	*left-luggage lockers*
44	composter un billet	*to have the ticket punched and dated*

g Travelling on the ferry

1 *Quand as-tu pris le ferry?*
 Je l'ai pris quand je suis allé(e) en France.

2 *Où as-tu embarqué?*
 J'ai embarqué à Douvres.

3 *Etais-tu à pied ou en voiture?*
 J'étais à pied.
  en voiture

UNIT 5

4 *Dis-moi ce qui s'est passé à l'embarquement!*
    Je suis passé(e) à la douane.
    Puis, j'ai montré mon billet.
    J'ai pris une passerelle pour monter à bord.
    Sur le quai, nous avons suivi une file de voitures.
    Un employé du port a vérifié notre billet.
    Nous avons montré nos passeports au douanier.
    Nous sommes montés dans la cale du bateau.

5 *Etes-vous restés dans la voiture?*
    Non, nous sommes descendus de voiture.
    Nous avons laissé notre voiture dans la cale.
    Nous sommes montés à l'intérieur du bateau.

6 *Es-tu allé(e) à l'extérieur sur le pont?*
    Oui, j'y suis allé(e) quand le ferry a quitté le quai.

7 *Qu'est-ce que tu as vu du pont?*
    J'ai vu les falaises, le port de Douvres et beaucoup de mouettes.

8 *Combien de temps la traversée a-t-elle duré?*
    Elle a duré deux heures.

9 *Comment as-tu passé le temps?*
    Nous sommes allés au restaurant libre-service.
    Nous nous sommes assis ensuite avec les autres passagers.
    J'ai lu, j'ai regardé un peu la télévision.

10 *As-tu acheté quelque chose aux boutiques du bateau?*
    Non, mais ma mère a acheté du parfum et mon père a pris des bouteilles de vin.

11 *Pourquoi achète-t-on du vin et des spiritueux sur le bateau?*
    C'est parce qu'ils coûtent moins cher sur le bateau.

12 *As-tu quelquefois le mal de mer?*
    Seulement quand la mer est mauvaise.

13 *Comment était la mer ce jour-là?*
    Elle était calme.

TRAVEL AND HOLIDAYS

14 *As-tu vu beaucoup de bateaux sur la Manche?*
    Oui, j'ai vu un autre ferry.
              des pétroliers
               des bateaux à voile
               un aéroglisseur

15 *As-tu voyagé en aéroglisseur?*
    Non, mais je voudrais bien!

16 *A l'arrivée qu'est-ce qu'on a annoncé au haut-parleur?*
    On a demandé aux passagers en voiture de retourner à leur voiture.

17 *En quelles langues fait-on cette annonce?*
    On la fait en français et en anglais.

18 *A quel port as-tu débarqué en France?*
    J'ai débarqué à Calais.

19 *Etais-tu content(e) de débarquer?*
    Oui, parce qu'on arrivait en France.

20 *Et au retour, étais-tu triste?*
    J'étais triste parce que c'était la fin des vacances.
    Mais j'étais aussi content(e) de rentrer dans mon pays.

VOCABULAIRE 5g

1	prendre le ferry	*to take the ferry*
2	embarquer	*to embark*
3	à Douvres	*in Dover*
4	ce qui s'est passé	*what happened*
5	se passer	*to happen*
6	l'embarquement	*embarkation/boarding*
7	le quai	*the quay*
8	une file de voitures	*a line of cars*
9	suivre (past participle: suivi)	*to follow*
10	monter *dans* le bateau	*to get on the boat*
11	monter *dans* la voiture	*to get in the car*
12	la cale	*the hold*
13	une passerelle	*a gangway*

UNIT 5

14	monter à bord	*to get on board*
15	descendre *de* voiture	*to get out of the car*
16	laisser	*to leave behind*
17	l'intérieur (M)	*the inside*
18	l'extérieur (M)	*the outside*
19	le pont	*the deck*
20	une falaise	*a cliff*
21	une mouette	*a seagull*
22	la traversée	*the crossing*
23	durer	*to last*
24	passer le temps	*to pass the time*
25	libre-service	*self-service*
26	un passager	*a passenger*
27	un peu	*a little*
28	quelque chose	*something*
29	des spiritueux (M)	*spirits*
30	avoir le mal de mer	*to be seasick*
31	seulement	*only*
32	la mer est mauvaise	*the sea is rough*
33	calme (M & F)	*calm/smooth*
34	la Manche	*the Channel*
35	un pétrolier	*a tanker*
36	le pétrole	*crude oil*
37	un aéroglisseur	*a hovercraft*
38	je voudrais bien	*I would like to*
39	annoncer	*to announce*
40	une annonce	*an announcement*
41	le haut-parleur	*the loud-speaker*
42	débarquer	*to disembark*
43	à Calais	*in Calais*
44	content(e)	*pleased*
45	au retour	*on the way back*
46	triste (M & F)	*sad*
47	la fin	*the end*

TRAVEL AND HOLIDAYS

h Travelling by air

1 *As-tu déjà fait un voyage en avion?*
   Oui, j'en ai fait un.

2 *Où allais-tu?*
   J'allais à Paris.

3 *A quel aéroport as-tu pris l'avion?*
   Je l'ai pris à l'aéroport de Birmingham.

4 *Voyageais-tu seul(e)?*
   Oui, mais mes parents m'ont conduit(e) à l'aérogare.

5 *Raconte-moi ce qui s'est passé d'abord à l'aérogare.*
   Je suis allé(e) d'abord au bureau d'Air France pour faire enregistrer ma valise.
   L'employée m'a aussi donné ma carte d'embarquement.

6 *Et ensuite qu'as-tu fait?*
   Je suis passé(e) à la douane où un douanier a contrôlé mon passeport.
   Un autre employé a examiné mon sac de voyage.

7 *Es-tu monté(e) dans l'avion tout de suite?*
   Non, j'ai dû attendre dans la grande salle de départ à l'aérogare.

8 *Quand es-tu sorti(e)?*
   Je suis sorti(e) quand on a appelé mon numéro de vol.

9 *Comment savais-tu à quelle porte tu devais aller?*
   C'était indiqué sur ma carte d'embarquement.

10 *Qu'est-ce qui s'est passé ensuite?*
   J'ai suivi un long couloir avec les autres passagers.
   Puis nous sommes sortis sur l'aéroport.

11 *Qui vous a dirigés vers votre avion?*
   C'est une hôtesse de l'air.
   Elle a pris aussi notre carte d'embarquement.

UNIT 5

12 *Comment êtes-vous montés dans l'avion?*
    Nous avons pris une passerelle.

13 *Qui vous a accueillis à bord?*
    C'est le commandant.

14 *Où était ta place?*
    Elle était près d'un hublot.

15 *Qu'est-ce que tu as dû faire avant le départ de l'avion?*
    J'ai dû attacher ma ceinture de sécurité.

16 *As-tu eu peur quand l'avion a décollé?*
    Un peu, mais quand l'avion décolle c'est formidable!

17 *Combien de temps le voyage a-t-il duré?*
    Il a duré une heure et quart environ.

18 *Qu'est-ce que tu as vu par le hublot?*
    J'ai vu le paysage, les nuages et les bateaux sur la Manche.

19 *Qu'est-ce que tu as fait aussi pendant le voyage?*
    J'ai lu et j'ai mangé.

20 *Parle-moi du repas dans l'avion.*
    L'hôtesse a apporté, sur un chariot, des repas tout préparés.
    Chaque repas était dans un petit carton en plastique.

21 *De quoi le repas se composait-il?*
    Il y avait une entrée,
        de la viande froide avec une salade,
        des biscuits avec du fromage,
        et un petit gâteau.

22 *Qu'as-tu bu?*
    J'ai bu un jus de fruit et de l'eau minérale.

23 *Il n'y avait pas de boissons chaudes?*
    Si, l'hôtesse a offert du thé et du café aux passagers après le repas.

TRAVEL AND HOLIDAYS

24 *Où l'avion a-t-il atterri?*
   Il a atterri à l'aéroport Charles de Gaulle.

25 *Où cet aéroport se trouve-t-il?*
   Il se trouve au nord de Paris.

26 *Où étaient les bagages des passagers?*
   Ils étaient dans la cale de l'avion.

27 *Où as-tu retrouvé ta valise?*
   Je l'ai retrouvée à l'aérogare sur un tapis roulant.

28 *Aimes-tu voyager en avion?*
   Oui, parce que c'est rapide et j'aime beaucoup voler.

VOCABULAIRE 5h

1	un voyage en avion	*a journey by air*
2	un aéroport	*an airport*
3	une aérogare	*an air terminal*
4	**prendre** l'avion	*to catch the plane*
5	conduire	*to drive*
6	raconter	*to tell*
7	d'abord	*first of all*
8	faire enregistrer	*to check in*
9	une carte d'embarquement	*a boarding card*
10	embarquer	*to board (a plane, a boat)*
11	passer à la douane	*to go through customs*
12	un douanier	*a customs officer*
13	contrôler	*to check*
14	un passeport	*a passport*
15	examiner	*to inspect*
16	monter **dans** l'avion	*to get on the plane*
17	tout de suite	*straight away*
18	la salle de départ	*the departure lounge*
19	le vol	*the flight*
20	le numéro de vol	*the flight number*
21	une porte	*a gate*
22	se passer	*to take place*
23	j'ai suivi (SUIVRE)	*I followed*
24	un passager	*a passenger*
25	un couloir	*a corridor*

UNIT 5

26	diriger	*to direct*
27	une hôtesse de l'air	*an air hostess*
28	une passerelle	*a gangway*
29	accueillir	*to welcome*
30	à bord	*on board*
31	le commandant	*the captain*
32	la place	*the seat*
33	un hublot	*a window (plane)*
		a porthole (ship)
34	attacher	*to fasten*
35	une ceinture	*a belt*
36	une ceinture de sécurité	*a safety belt*
37	avoir peur	*to be afraid*
38	décoller	*to take off*
39	formidable	*wonderful*
40	le voyage	*the journey*
41	le paysage	*the skyscape*
42	un nuage	*a cloud*
43	la Manche	*the Channel*
44	un chariot	*a trolley*
45	un repas tout préparé	*a ready prepared meal*
46	un carton en plastique	*a plastic container*
47	se composer	*to be made of*
48	une entrée	*a starter*
49	un jus de fruit	*a fruit juice*
50	l'eau minérale	*mineral water*
51	atterrir	*to land*
52	au nord de	*north of*
53	la cale	*the hold*
54	retrouver	*to find again, pick up*
55	un tapis roulant	*conveyor belt*
56	rapide (M & F)	*fast*
57	voler	*to fly*

TRAVEL AND HOLIDAYS

Role play

18 Pour aller...?

Touriste: Pardon, monsieur. Pour aller au centre ville, s'il vous plaît?
Passant: Suivez le boulevard jusqu'aux feux, tournez à gauche et c'est tout droit.
Touriste: C'est loin d'ici?
Passant: Vous allez où, exactement?
Touriste: A la grande poste.
Passant: Oui, c'est assez loin. Vous êtes en voiture?
Touriste: Non, je suis à pied.
Passant: Alors, mieux vaut prendre l'autobus.
Touriste: L'autobus passe devant la poste?
Passant: Non, descendez Place Victor Hugo. La poste est dans la première rue à droite, après la mairie.
Touriste: Il y a un arrêt près d'ici?
Passant: Oui, à cent mètres, en face de l'église.
Touriste: Et c'est quel numéro d'autobus?
Passant: C'est le 56.
Touriste: Il passe souvent?
Passant: Toutes les dix minutes environ.
Touriste: Merci bien, monsieur.
Passant: Mais de rien, madame.

VOCABULAIRE 18

1 pour aller...? *the way to...?*
2 le centre ville *the town centre*
3 suivez! *follow*
4 jusqu'à *as far as*
5 les feux (M) *the traffic lights*
6 tournez à gauche! *turn left*
7 c'est tout droit *it is straight on*
8 c'est loin d'ici? *is it far from here?*
9 exactement *precisely*
10 la grande poste *the main post office*
11 c'est assez loin *it is quite far*

UNIT 5

12 alors	*then/so*
13 mieux vaut ...	*it is better to ...*
14 prendre l'autobus	*to catch the bus*
15 l'autobus passe devant la poste?	*does the bus go past the post office?*
16 descendez Place Victor Hugo	*get off at Victor Hugo Square*
17 dans la première rue à droite	*in the first street on the right*
18 après la mairie	*after the town hall*
19 un arrêt (d'autobus)	*a bus stop*
20 près d'ici	*nearby*
21 à cent mètres	*one hundred metres away*
22 en face de	*opposite*
23 un numéro	*a number*
24 de rien!	*don't mention it!*

19 Vous avez réservé?

Client: Pardon, monsieur, vous avez une chambre de libre?
Patron: Vous avez réservé?
Client: Non. C'est pour une nuit seulement.
Patron: Vous êtes seul?
Client: Oui, je voudrais une chambre avec douche.
Patron: J'ai seulement une chambre avec salle de bain.
Client: Ça ne fait rien. C'est combien?
Patron: 150 francs. Le petit déjeuner est en plus.
Client: Bon, je la prends.
Patron: Vous prendrez le dîner?
Client: Non, j'ai déjà mangé.
Patron: Voilà votre clef, c'est la chambre 25.
Client: Elle est à quel étage?
Patron: Au deuxième. Elle donne sur le jardin.
Client: Le petit déjeuner est à quelle heure?
Patron: Entre sept heures et demie et neuf heures.
Client: Je vous règle tout de suite?
Patron: Demain matin, ça ira. Bonsoir, monsieur.

TRAVEL AND HOLIDAYS

VOCABULAIRE 19

1	vous avez réservé?	*have you booked?*
2	vous avez une chambre *de* libre?	*do you have a room free?*
3	le patron, la patronne	*the hotel owner*
4	c'est pour une nuit seulement	*for one night only*
5	vous êtes seul?	*are you alone?*
6	une chambre avec douche	*a room with a shower*
7	avec salle de bain	*with a bathroom*
8	ça ne fait rien!	*it doesn't matter!*
9	c'est combien?	*how much is it?*
10	le petit déjeuner est en plus	*breakfast is extra*
11	vous prendrez le dîner?	*will you have dinner?*
12	j'ai déjà mangé	*I have already eaten*
13	la clef	*the key*
14	elle est à quel étage?	*on which floor is it?*
15	elle donne sur le jardin	*it looks on to the garden*
16	je vous règle tout de suite?	*do I settle the bill straight away?*
17	*demain matin, ça ira	*tomorrow morning will do*
18	bonsoir	*good evening*

20 Au guichet de la gare

Voyageur: A quelle heure y a-t-il un train pour Lyon, s'il vous plaît?
Employé: Quand voulez-vous partir?
Voyageur: Ce soir.
Employé: Le prochain train est à dix-huit heures quinze.
Voyageur: Il arrive à Lyon à quelle heure?
Employé: A vingt heures trente-sept.
Voyageur: C'est parfait! Alors, un billet de seconde s'il vous plaît.

UNIT 5

Employé: Un aller retour?
Voyageur: Non, un aller simple.
Employé: Voilà, c'est 196 francs.
Voyageur: J'ai une réduction avec une carte-jeunes?
Employé: Bien sûr. C'est seulement 85 francs.
Voyageur: Je dois changer de train?
Employé: Non, c'est direct.
Voyageur: Bon, de quel quai part-il?
Employé: Du quai numéro 3.
Voyageur: Faut-il réserver sa place?
Employé: Oui, le bureau de location est à côté.
Voyageur: Merci bien, monsieur.

VOCABULAIRE 20

1. le guichet de la gare — *the ticket office*
2. à quelle heure y a-t-il un train pour Lyon? — *what time is there a train for Lyons?*
3. quand voulez-vous partir? — *when do you want to leave?*
4. ce soir — *this evening*
5. le prochain train — *the next train*
6. il arrive à quelle heure? — *what time does it arrive?*
7. c'est parfait! — *that's fine!*
8. un billet de seconde — *a second class ticket*
9. un aller retour — *a return ticket*
10. un aller (simple) — *a one-way ticket*
11. une réduction — *a reduction*
12. une carte-jeunes — *a youth card*
13. je dois changer *de* train? — *do I have to change (trains)?*
14. c'est direct — *it's a through train*
15. de quel quai part-il? — *which platform does it leave from?*
16. faut-il réserver sa place? — *is it necessary to reserve a seat?*

TRAVEL AND HOLIDAYS

21 A la station-service sur la A6

Pompiste: Je fais le plein, monsieur?
Conducteur: Non, vingt litres d'ordinaire, seulement.
Pompiste: Vous allez loin?
Conducteur: Jusqu'à Avignon.
Pompiste: A la radio on annonce un ralentissement à Vienne.
Conducteur: Sans doute à cause des travaux sur l'autoroute!
Pompiste: Je vérifie le niveau d'huile?
Conducteur: Oui, je vais ouvrir le capot.
Pompiste: Bôn! L'huile, ça va!
Conducteur: Vous voulez contrôler la pression des pneus?
Pompiste: Voyons! Il faut les gonfler un peu.
Conducteur: D'accord! Vous vendez des cassettes?
Pompiste: Oui, à la boutique. On vend aussi des boissons, des journaux, des cartes . . .
Conducteur: Bien! Je vais me garer devant la boutique.
Pompiste: Je vais nettoyer votre pare-brise.
Conducteur: Je vous remercie. Voilà l'argent pour payer l'essence. Gardez la monnaie!
Pompiste: Merci, monsieur, et bonne route!

VOCABULAIRE 21

1	à la station-service	*at the service station*
2	*la* A6 (l'autoroute 6)	*the A6 motorway*
3	un pompiste	*a petrol pump attendant*
4	je fais le plein (d'essence)?	*shall I fill her up (with petrol)?*
5	vingt litres d'ordinaire	*twenty litres of 2 star*
6	seulement	*only*
7	vous allez loin?	*are you going far?*
8	jusqu'à Avignon	*as far as Avignon*
9	*à* la radio on annonce	*on the radio they are announcing*
10	un ralentissement (de circulation)	*a slowing down (of traffic)*

UNIT 5

11 sans doute	*no doubt*
12 à cause des travaux	*because of road works*
13 je vérifie le niveau d'huile?	*shall I check the oil (level)?*
14 je vais ouvrir le capot	*I'm going to open the bonnet*
15 l'huile, ça va!	*the oil is OK*
16 vous voulez contrôler la pression des pneus?	*will you check the tyre pressure?*
17 voyons!	*let's see!*
18 il faut les gonfler un peu	*they need more air*
19 vous vendez des cassettes?	*do you sell cassettes?*
20 des cartes (routières)	*(road) maps*
21 je vais me garer	*I'm going to park*
22 je vais nettoyer votre pare-brise	*I'm going to clean your window screen*
23 je vous remercie	*I thank you*
24 voilà l'argent pour payer l'essence	*here is the money to pay for the petrol*
25 gardez la monnaie!	*keep the change!*
26 bonne route!	*have a safe journey!*

22 A la douane

Douanier: Passeport, s'il vous plaît!
Conducteur: Voilà.
Douanier: Garez votre voiture dans cette aire de contrôle!
Conducteur: Entendu.
Douanier: Vous voulez descendre de voiture?
Conducteur: Mais certainement.
Douanier: Vous avez quelque chose à déclarer?
Conducteur: Non, rien. J'ai seulement une bouteille de whisky.
Douanier: Vous venez en France pour combien de temps?
Conducteur: Deux semaines environ.
Douanier: Voyage d'affaires?
Conducteur: Non, je vais visiter l'Alsace.

TRAVEL AND HOLIDAYS

Douanier: Vous pourriez ouvrir le coffre de la voiture?
Conducteur: Voilà, c'est fait.
Douanier: Qu'est-ce qu'il y a dans cette boîte?
Conducteur: Des pellicules pour mon appareil-photo.
Douanier: Ce paquet dans votre sac de voyage, c'est quoi?
Conducteur: Des médicaments. Tenez, je vais vous montrer!
Douanier: Bon, ça va! Vous pouvez passer.
Conducteur: Je peux partir?
Douanier: Oui, et n'oubliez pas de rouler à droite!

VOCABULAIRE 22

1	passeport, s'il vous plaît!	*passport, please!*
2	garez votre voiture	*pull up*
3	une aire de contrôle	*a control bay*
4	descendre de voiture	*to get out of the car*
5	vous avez quelque chose à déclarer?	*do you have anything to declare?*
6	pour combien de temps?	*how long for?*
7	deux semaines environ	*about two weeks*
8	voyage d'affaires	*a business trip*
9	vous pourriez ouvrir . . .?	*could you open . . .?*
10	le coffre (de la voiture)	*the boot (of the car)*
11	c'est fait	*it's done*
12	qu'est-ce qu'il y a?	*what is there?*
13	une pellicule	*a film*
14	un appareil-photo	*a camera*
15	un paquet	*a packet*
16	un sac de voyage	*a travelling bag*
17	*c'est quoi?	*what is that?*
18	des médicaments (M)	*medicines*
19	vous pouvez passer	*you can go through*
20	n'oubliez pas de rouler à droite!	*don't forget to drive on the right!*

UNIT 5

23 A l'aérogare: l'enregistrement des bagages

Dame:	Vous attendez au Bureau d'Air France?
Passager:	Oui, c'est la classe Club, ici.
Dame:	Ah! Moi, je voyage classe Touriste.
Passager:	C'est un peu plus loin.
Dame:	Merci. Zut! Il y a la queue.
	. . . .
Employée:	Mettez votre valise sur la bascule.
Dame:	Ouf! Ça fait vingt minutes que j'attends!
Employée:	Ce sac va aux bagages aussi?
Dame:	Non, je le garde avec moi.
Employée:	Votre billet, s'il vous plaît?
Dame:	Le voilà.
Employée:	Votre place, où la voulez-vous?
Dame:	Côté fenêtre, et section non-fumeurs.
Employée:	Bon! Voici votre carte d'embarquement. Votre numéro de place est dessus.
Dame:	A quelle porte je dois aller?
Employée:	C'est indiqué sur votre carte.
Dame:	Où est le contrôle des passeports?
Employée:	Au fond de la salle, à gauche.
Dame:	Merci, mademoiselle.

VOCABULAIRE 23

1. l'enregistrement des bagages — *the checking-in of luggage*
2. un passager — *a passenger*
3. le Bureau d'Air France — *the Air France desk*
4. je voyage classe Touriste — *I'm travelling Tourist class*
5. c'est un peu plus loin — *it's a bit further*
6. zut! Il y a *la* queue — *drat! There's a queue*
7. la bascule — *the scales*
8. ouf! — *phew!*
9. ça fait vingt minutes que j'attends! — *I've been waiting for twenty minutes!*
10. ce sac va aux bagages? — *are you checking in this bag?*

TRAVEL AND HOLIDAYS

11 je le garde avec moi	*I'm keeping it with me*
12 votre billet, s'il vous plaît?	*your ticket, please*
13 votre place, où la voulez-vous?	*where would you like to sit?*
14 côté fenêtre	*by the window*
15 section non-fumeurs	*no smoking section*
16 la carte d'embarquement	*the boarding card*
17 le numéro de place	*the seat number*
18 dessus	*on it*
19 à quelle porte je dois aller?	*which gate must I go to?*
20 c'est indiqué	*it is shown*
21 le contrôle des passeports	*passport control*
22 au fond de la salle	*at the end of the hall*

24 Au terrain de camping

Campeur: Ah! Bonjour. Vous avez encore de la place?
Gardien: Pour une caravane?
Campeur: Non, juste une tente et une voiture.
Gardien: C'est pour combien de temps?
Campeur: Au moins quatre ou cinq jours.
Gardien: J'ai l'emplacement 26, mais il n'est pas ombragé.
Campeur: Ça n'a pas d'importance!
Gardien: La voiture doit aller au parking obligatoire.
Campeur: D'accord! C'est combien par jour?
Gardien: 26 francs pour l'emplacement et huit francs par personne.
Campeur: Qu'est-ce qu'il y a comme sanitaire?
Gardien: Y a des douches, des lavabos et des machines à laver.
Campeur: Vous avez un magasin d'alimentation?
Gardien: Oui, et aussi un snack-bar
Campeur: Et comme distractions?
Gardien: On a une piscine en plein air et un golf miniature.
Campeur: Le camp est gardé?
Gardien: Oui, en permanence.
Campeur: Voici mon passeport. Je vais rentrer ma voiture.

UNIT 5

VOCABULAIRE 24

1	au terrain de camping	*at the campsite*
2	un campeur	*a camper*
3	le gardien	*the warden*
4	vous avez encore de la place?	*are there any pitches left?*
5	une caravane	*a caravan*
6	juste une tente	*a tent only*
7	c'est pour combien de temps?	*for how long?*
8	au moins	*at least*
9	un emplacement	*a pitch*
10	pas ombragé	*not in the shade*
11	ça n'a pas d'importance!	*it doesn't matter*
12	le parking obligatoire	*the compulsory parking area*
13	c'est combien par jour?	*how much is it per day?*
14	qu'est-ce qu'il y a comme sanitaire?	*what are the arrangements for washing?*
15	*(il) y a des douches	*there are showers*
16	des lavabos	*wash basins*
17	des machines à laver	*washing machines*
18	un magasin d'alimentation	*a food store*
19	comme distractions?	*what about recreational facilities?*
20	une piscine en plein air	*an outdoor swimming pool*
21	un golf miniature	*miniature golf*
22	un camp gardé	*a camp with security patrol*
23	en permanence	*day and night*

Unit 6

Food and Drink

Practice

a Meals

1 *Qui prépare les repas chez toi?*
    C'est ma mère.

2 *Combien de repas fais-tu par jour?*
    J'en fais quatre: le petit déjeuner,
                    le déjeuner,
                    le goûter,
                    le dîner.

3 *A quelle heure prends-tu ton petit déjeuner?*
    Je le prends à huit heures.

4 *Que manges-tu au petit déjeuner?*
    Je mange des céréales, un œuf, du pain grillé et de la confiture.

5 *Comment préfères-tu ton œuf?*
    Je le préfère sur le plat.
                    à la coque
                    poché

6 *Que bois-tu?*
    D'abord je bois du jus d'orange, puis du thé (du café).

UNIT 6

7 *Les Français mangent-ils beaucoup au petit déjeuner?*
    Non, ils font un repas très léger.
    Ils prennent des tartines de beurre ou un croissant.
    Et il boivent un bol de café au lait ou de café noir.

8 *Mettent-ils du sucre en poudre dans leur café?*
    Non, ils utilisent du sucre en morceaux généralement.

9 *Quand boivent-ils du thé?*
    Ils en prennent quelquefois à cinq heures de l'après-midi avec quelques biscuits.

10 *Prends-tu le déjeuner à la maison?*
    Seulement au weekend.
    Les autres jours je le prends à l'école.

11 *Aimes-tu la nourriture de l'école?*
    Cela dépend!
    J'aime quand nous avons des beefburgers et des
                           haricots en sauce tomate.
                 du poisson, des frites et des
                      petits pois
                         le ragoût au curry avec du riz
    Je n'aime pas le foie avec de la purée et du chou.
            le chou-fleur au fromage
            les spaghettis à la sauce bolognaise

12 *Quel dessert préfères-tu?*
    J'aime les glaces avec une sauce au chocolat.
            la salade de fruits
                le pâté aux pommes avec de la crème anglaise

13 *Y a-t-il un dessert que tu détestes?*
    Oui, je déteste le riz au lait.
                les pruneaux

14 *Manges-tu des fruits à l'école?*
    Oui, nous avons des pommes presque tous les jours.
    Il y a aussi des bananes, des mandarines ou des poires de temps en temps.

FOOD AND DRINK

15 *Bois-tu quelque chose au déjeuner?*
    Oui, je bois de l'eau.

16 *Et les Français que boivent-ils aux repas?*
    Ils boivent de l'eau minérale et du vin de table.

17 *Prends-tu le goûter à l'école?*
    Oui, car je suis pensionnaire.
        car je reste à l'étude du soir
    Non, je le prends à la maison.

18 *A quelle heure le prends-tu?*
    Je le prends à cinq heures.

19 *Les pensionnaires que mangent-ils au goûter?*
    Ils mangent des saucisses ou des beefburgers, des tartines de beurre ou de confiture, du gâteau et des biscuits.

20 *Est-ce le dernier repas de la journée à l'école?*
    Non, les pensionnaires prennent des biscuits et un verre de lait avant de se coucher.

21 *Parle-moi du repas que tu fais, chez toi, quand tu célèbres ton anniversaire?*
    Nous avons beaucoup de bonnes choses à manger.
    Il y a généralement des sandwichs,
        de petites saucisses rouges,
        des paquets de chips,
        des tartelettes à la confiture,
        des biscuits au chocolat,
        et un gros gâteau d'anniversaire.

22 *Combien de bougies y avait-il sur ton dernier gâteau d'anniversaire?*
    Il y en avait . . .

UNIT 6

23 *Décris-moi un repas de Noël traditionnel en Angleterre.*
   C'est un repas délicieux.
   On y sert de la dinde avec des pommes de terre rôties, des choux de Bruxelles et des carottes.
   du jambon et du bacon
   Comme dessert il y a le pouding de Noël avec une sauce au cognac et de la crème fraîche.

24 *Qui décore la table, chez toi, pour le déjeuner de Noël?*
   C'est ma mère. Elle y met des serviettes de papier de toutes les couleurs, du houx et du gui.

25 *Sais-tu ce que c'est que le 'réveillon' en France?*
   Oui, c'est le repas que les Français font à minuit la nuit de Noël.

26 *Les Français, quel gâteau mangent-ils à Noël?*
   Ils mangent une Bûche de Noël au chocolat avec de la crème fraîche.

VOCABULAIRE 6a

1	un repas	*a meal*
2	le petit déjeuner	*breakfast*
3	le déjeuner	*lunch*
4	le goûter	*afternoon tea*
5	le dîner	*dinner*
6	des céréales	*cereals*
7	du pain grillé	*toasted bread*
8	une tranche de pain grillé	*a slice of toast*
9	la confiture	*jam*
10	la confiture de fraises	*strawberry jam*
11	un œuf sur le plat	*a fried egg*
12	un œuf coque	*a lightly boiled egg*
13	un œuf poché	*a poached egg*
14	un jus d'orange	*orange juice*
15	du thé	*tea*
16	du café	*coffee*
17	léger, légère	*light*

FOOD AND DRINK

18	une tartine de beurre	*a slice of bread spread with butter*
19	une tartine de confiture	*a slice of bread spread with jam*
20	un croissant	*a croissant (a crescent-shaped bun made with a type of puff pastry)*
21	un bol de	*a bowlful of*
22	du café au lait	*white coffee*
23	du café noir	*black coffee*
24	du sucre en poudre	*granulated sugar*
25	utiliser	*to use*
26	du sucre en morceaux	*lump, cubed sugar*
27	un morceau de sucre	*a lump of sugar*
28	un biscuit	*a biscuit*
29	nourrir (-IR VERB)	*to feed*
30	cela dépend	*it depends*
31	des haricots (M)	*haricot beans*
32	en sauce tomate	*in tomato sauce*
33	la sauce	*sauce*
34	du poisson	*fish*
35	des frites (F)	*chips*
36	des petits pois	*peas*
37	le ragoût	*stew*
38	le riz	*rice*
39	le foie	*liver*
40	la purée	*mashed potato*
41	le chou(x)	*cabbage*
42	le chou-fleur	*cauliflower*
43	les spaghettis à la sauce bolognaise	*spaghetti bolognaise*
44	un dessert	*a dessert/pudding*
45	une glace	*an ice cream*
46	le chocolat	*chocolate*
47	la salade de fruits	*fruit salad*
48	un pâté aux pommes	*apple pie*
49	la crème anglaise	*custard (usually egg custard)*
50	un pruneau	*a prune*

UNIT 6

51	un fruit	*a fruit*
52	presque	*almost*
53	une banane	*a banana*
54	une mandarine	*a mandarin*
55	de temps en temps	*from time to time*
56	une poire	*a pear*
57	quelque chose	*something*
58	l'eau minérale	*mineral water*
59	le vin de table	*table wine*
60	l'étude du soir	*prep time at school*
61	une saucisse	*a sausage*
62	célébrer, fêter	*to celebrate*
63	un sandwich(s)	*a sandwich*
64	un paquet de chips	*a bag of crisps*
65	une tartelette à la confiture	*a jam tart*
66	un gâteau d'anniversaire	*a birthday cake*
67	une bougie	*a candle*
68	un repas de Noël	*a Christmas meal*
69	traditionnel(le)	*traditional*
70	délicieux(se)	*delicious*
71	servir (one of the 6 verbs like DORMIR)	*to serve*
72	la dinde	*turkey*
73	des pommes de terre rôties	*roast potatoes*
74	un chou de Bruxelles	*Brussels sprout*
75	une carotte	*a carrot*
76	du jambon	*ham*
77	du bacon	*bacon*
78	le pouding	*pudding*
79	le cognac	*brandy*
80	la crème fraîche	*fresh cream*
81	une serviette en papier	*a paper napkin*
82	du houx	*holly*
83	du gui	*mistletoe*
84	le réveillon	*the midnight dinner*
85	la Bûche de Noël	*Yule log*

FOOD AND DRINK

b At the restaurant

1 *Vas-tu souvent au restaurant?*
   J'y vais quelquefois avec mes parents.

2 *Quels genres de restaurants préfères-tu?*
   Je préfère les restaurants chinois.
                                       anglais
                                       français
                                       italiens
                                       indiens

3 *Avec qui vas-tu au restaurant?*
   J'y vais avec mes parents.

4 *Dis-moi ce qui se passe quand vous entrez au restaurant?*
   Un garçon vient nous accueillir.
   Puis, il nous indique une table libre et il apporte un menu.

5 *Qui commande les plats que vous choisissez?*
   C'est mon père.

6 *Es-tu allé(e) dans un restaurant français?*
   Oui, j'y suis allé(e).

7 *De quoi un repas français se compose-t-il?*
   Dans un repas français il y a:
           les hors-d'œuvre ou le potage,
           les entrées,
           la viande et les légumes,
           la salade,
           le fromage,
           le dessert.

8 *A quel repas prend-on du potage en France?*
   On en prend au dîner.

9 *Les hors-d'œuvre qu'est-ce que c'est?*
   Ce sont des légumes crus en salade: tomates, carottes ou concombre; des radis, du céleri, et les assiettes anglaises.

UNIT 6

10 *Qu'est-ce que les Français appellent une 'assiette anglaise'?*
    C'est une assiette ou il y a du jambon, du pâté, du saucisson, avec de la mayonnaise.

11 *Quels plats trouve-t-on au menu comme entrées?*
    Dans les entrées il y a: les plats de poisson,
                              les plats aux œufs,
                              les soufflés.

12 *As-tu une entrée préférée?*
    Oui, j'aime le soufflé au fromage.
               une quiche aux crevettes
               l'omelette aux champignons

13 *Comment fait-on une omelette?*
    On casse les œufs dans un bol.
    On y ajoute un peu de lait, du sel et du poivre.
    Puis on cuit le mélange dans une poêle pendant quelques minutes.

14 *En France sert-on la viande avec les légumes?*
    Non, on sert la viande d'abord, puis les légumes.

15 *Est-ce que les assiettes arrivent, toutes préparées, sur la table?*
    Non, on met les plats au milieu de la table et chacun se sert.

16 *Quelle viande choisis-tu au menu généralement?*
    Je choisis le poulet.
              le gigot de mouton
              le rôti de porc
              le rosbif
              le bifteck

17 *Et comme légumes?*
    Je choisis la purée.
              les frites
              les petits pois
              les haricots verts
              les choux de Bruxelles
              les carottes

FOOD AND DRINK

18 *Comment les Français assaisonnent-ils leur salade?*
   Ils y mettent du vinaigre, de l'huile, du sel, du poivre et un peu d'ail.

19 *Aimes-tu le goût de l'ail?*
   Non, je ne l'aime pas du tout.
   Ça m'est égal!

20 *Quand les Français servent-ils le dessert?*
   Ils le servent après le fromage.

21 *Y a-t-il une grande variété de fromages en France?*
   Oui, il y en a plus de trois cents.
   Un pour chaque jour de l'année!

22 *Nomme quelques-uns de ces fromages.*
   Il y a le camembert, les petits suisses, le brie, le Saint-Paulin, le roquefort.

23 *Quelle région de France produit le camembert?*
   C'est la Normandie.

24 *Sur la carte des vins qu'est-ce que ton père choisit généralement?*
   Il choisit du bordeaux.

25 *Quels autres vins français connais-tu?*
   Je connais le vin d'Alsace.
                le bourgogne
                le champagne

26 *Et le 'rosé' qu'est-ce que c'est?*
   C'est un vin de couleur rosée.
   Il vient de Provence ou de la vallée de la Loire.

27 *As-tu goûté le cidre français?*
   Oui, je l'ai goûté en Bretagne.
   Avec des crêpes c'est bon!

28 *Quelle région produit de la bière?*
   C'est surtout l'Alsace et le nord de la France.

29 *Quand on a fini le repas au restaurant, que faut-il demander au garçon?*
   Il faut lui demander l'addition.

UNIT 6

30 *Laissez-vous un pourboire pour le garçon?*
   Oui, nous en laissons un.

VOCABULAIRE 6b

1	un restaurant	*a restaurant*
2	quel genre de	*what kind of*
3	chinois(e)	*Chinese*
4	italien(ne)	*Italian*
5	indien(ne)	*Indian*
6	se passer	*to take place*
7	le garçon	*the waiter*
8	la serveuse	*the waitress*
9	accueillir	*to welcome*
10	indiquer	*to point to*
11	libre	*free/vacant*
12	apporter	*to bring*
13	un menu	*a menu*
14	commander	*to order*
15	un plat	*a dish/a course*
16	choisir (-IR VERB)	*to choose*
17	se composer	*to consist of*
18	les hors-d'œuvre	*starters*
19	une entrée	*first course*
20	la viande	*meat*
21	un légume	*a vegetable*
22	la salade	*salad*
23	le fromage	*cheese*
24	le dessert	*dessert*
25	le potage	*soup*
26	cru(e)	*raw*
27	une tomate	*a tomato*
28	une carotte	*a carrot*
29	un concombre	*a cucumber*
30	un radis	*a radish*
31	le céleri	*celery*
32	une assiette	*a plate*
33	le jambon	*ham*
34	du pâté	*pâté*

FOOD AND DRINK

35	du saucisson	*(large slicing) sausage*
36	la mayonnaise	*mayonnaise*
37	un soufflé	*a soufflé (cheese and egg dish)*
38	une quiche	*a quiche (egg flan with savoury filling)*
39	une crevette	*a shrimp*
40	une omelette	*an omelet*
41	casser	*to break*
42	ajouter	*to add*
43	cuire	*to cook*
44	on cuit	*one cooks*
45	le sel	*salt*
46	salé(e)	*salty*
47	le poivre	*pepper*
48	sucré(e)	*sweet (ADJECTIVE)*
49	le mélange	*mixture*
50	une poêle	*a frying pan*
51	préparer	*to prepare*
52	chacun(e)	*each one*
53	se servir (one of the 6 verbs like DORMIR)	*to help oneself*
54	le poulet	*chicken*
55	le gigot de mouton	*leg of lamb*
56	le rôti de porc	*roast pork*
57	le rosbif	*roast beef*
58	le bifteck	*steak*
59	assaisonner	*to season*
60	le vinaigre	*vinegar*
61	l'huile (F)	*oil*
62	l'ail (M)	*garlic*
63	le goût	*the taste*
64	pas du tout	*not at all*
65	ça m'est égal!	*I don't mind!*
66	plus de trois cents	*more than 300*
67	une région	*a region*
68	la Normandie	*Normandy*
69	la carte des vins	*wine list*
70	le bourgogne	*Burgundy wine*

UNIT 6

71	le bordeaux	*Bordeaux wine (if red: claret)*
72	le champagne	*champagne*
73	rosé(e)	*rosé*
74	la Provence	*Provence*
75	la vallée de la Loire	*the Loire valley*
76	le cidre	*cider*
77	goûter	*to taste*
78	la Bretagne	*Brittany*
79	une crêpe	*a pancake*
80	la bière	*beer*
81	surtout	*mainly*
82	l'Alsace	*Alsace*
83	le nord	*North, the northern part*
84	il faut	*it is necessary*
85	l'addition (F)	*the bill*
86	un pourboire	*a tip*

c Picnics

1 *Quand fais-tu des pique-niques?*
   J'en fais au printemps ou en été quand il fait beau.

2 *Où en fais-tu?*
   J'en fais dans les prés, à l'ombre d'un arbre, ou à la plage.

3 *Dans quoi emportes-tu la nourriture pour le pique-nique?*
   Je l'emporte dans un panier ou un grand sac.

4 *Qui fait les préparatifs du pique-nique chez toi?*
   C'est ma mère, mais je l'aide à faire les sandwichs.

5 *Quels genres de sandwichs fais-tu?*
   Je fais des sandwichs au jambon.
                                au concombre
                                au fromage
                                au saumon

FOOD AND DRINK

6 *Les fais-tu avec du pain blanc?*
   J'en fais au pain blanc et aussi au pain complet.

7 *Emportez-vous une table de camping?*
   Oui, quand nous faisons un pique-nique à la campagne.
   Nous emportons aussi des chaises de jardin.

8 *Et à la plage?*
   A la plage, nous mangeons assis sur le sable.

9 *Qu'est-ce que tu mets sur le sable, avant de sortir la nourriture du panier?*
   J'y mets une nappe en plastique.

10 *Comment vous protégez-vous du soleil et du vent?*
   Nous avons un grand parasol.

11 *Qu'est-ce que vous emportez comme boisson?*
   Nous emportons de la limonade et un thermos de thé ou de café.

12 *Dans quoi buvez-vous?*
   Nous buvons dans des timbales de plastique.

13 *Mangez-vous seulement des sandwichs?*
   Non, nous prenons aussi des œufs durs, des fruits, des biscuits et du gâteau.

14 *Aimes-tu les pique-niques?*
   Seulement quand il fait vraiment beau. S'il fait frais ou s'il y a du vent ce n'est pas agréable.

15 *Faites-vous un barbecue quelquefois dans le jardin?*
   Oui, quand il fait très chaud.
   Mon père fait griller des saucisses et des côtelettes sur le feu de bois.

16 *Ça te plaît?*
   Oui, car je n'ai pas à faire la vaisselle après le repas!

UNIT 6

VOCABULAIRE 6c

1	*faire* un pique-nique	*to have a picnic*
2	au printemps	*in the spring*
3	en été	*in summer*
4	un pré	*a meadow*
5	à l'ombre de	*in the shade of*
6	à la plage	*at the beach*
7	emporter (quelque chose)	*to take (something)*
8	la nourriture	*food*
9	un panier	*a basket*
10	un sac	*a bag*
11	les préparatifs (de) (M)	*preparations (for)*
12	aider	*to help*
13	un sandwich(*s*)	*a sandwich*
14	au jambon	*with ham*
15	au concombre	*with cucumber*
16	au sa*u*mon	*with salmon*
17	le pain complet	*wholemeal bread*
18	une table de camping	*a picnic table*
19	une chaise de jardin	*a garden chair*
20	le sable	*the sand*
21	une nappe de plastique	*a plastic tablecloth*
22	se protéger *de*	*to protect oneself from*
23	le soleil	*sun*
24	le vent	*wind*
25	une boisson	*a drink*
26	de la limonade	*lemonade*
27	un thermos	*a thermos*
28	boire *dans*	*to drink out of*
29	une timbale	*a beaker*
30	seulement	*only*
31	un œuf dur	*a hard-boiled egg*
32	vraiment	*truly*
33	s'il fait frais	*if it is chilly*
34	s'il fait du vent	*if it is windy*
35	agréable (M & F)	*pleasant*
36	un barbecue	*a barbecue*
37	quelquefois	*sometimes*

FOOD AND DRINK

38 faire griller — *to grill*
39 une côtelette — *a chop/a cutlet*
40 un feu de bois — *a wood fire*
41 ça te plait? — *do you enjoy that?*
42 car — *for (because)*
43 faire la vai**sse**l*le* — *to do the washing up*

UNIT 6

Role play

25 Déjeuner à la cafétéria

Serveuse:	Vous avez choisi?
Jeune homme:	Oui, on prend le menu à 65 francs.
Serveuse:	Bien. Qu'est-ce que vous voulez pour commencer?
Jeune homme:	Donnez-nous d'abord les hors-d'œuvre variés.
Serveuse:	Oui, et ensuite?
Jeune homme:	Deux steaks-frites, s'il vous plaît.
Serveuse:	Comment vous voulez vos steaks?
Jeune homme:	Assez cuits.
Serveuse:	Et comme boisson, qu'est-ce que vous prendrez?
Jeune homme:	Une Vittel et une Evian.
Serveuse:	D'accord. Vous avez assez de pain dans la corbeille?
Jeune homme:	Je pense que oui. Mais il nous faudra de la moutarde.
Serveuse:	Bon, je vais vous en apporter.
	....
Serveuse:	Vous prendrez un dessert ou un fromage?
Jeune homme:	Un mille-feuille pour mademoiselle et du camembert pour moi.
Serveuse:	Voudrez-vous un café?
Jeune homme:	Oui, deux cafés noirs, s'il vous plaît.
	....
Jeune homme:	L'addition, s'il vous plaît, mademoiselle.
Serveuse:	Voilà, monsieur.
Jeune homme:	Le service est compris?
Serveuse:	Oui, tout est compris.

VOCABULAIRE 25

1 déjeuner à la cafétéria — *lunch at the cafeteria*
2 on prend le menu à 65 francs — *we shall have the 65 franc menu*

FOOD AND DRINK

3	qu'est-ce que vous voulez pour commencer?	*what will you have to start?*
4	les hors-d'œuvre variés	*a choice of starters*
5	et ensuite?	*and to follow?*
6	un steak-frite	*steak and chips for one*
7	*comment vous voulez vos steaks?	*how do you like your steaks?*
8	assez cuits	*medium done*
9	et comme boisson?	*and to drink?*
10	une Vittel et une Evian	*a small bottle of Vittel water and one of Evian water*
11	vous avez assez de pain dans la corbeille?	*do you have enough bread in the bread basket?*
12	*je pense que oui	*I think so*
13	il nous faudra de la moutarde	*we'll need mustard*
14	je vais vous en apporter	*I'll bring some*
15	vous prendrez un dessert ou un fromage?	*will you have a sweet or or cheese?*
16	un mille-feuille	*a cream or vanilla slice*
17	un café noir	*a black coffee*
18	l'addition, s'il vous plaît	*the bill, please*
19	le service est compris?	*is service included?*
20	tout est compris	*everything is included*

26 A table les enfants!

Madame Ferrand: A table, le déjeuner est servi!
Liliane: Assieds-toi là, à côté de moi, Elizabeth.
Elizabeth: Bien! J'ai faim!
Madame Ferrand: Tu veux couper la baguette, Paul?
Paul: Passe-moi le couteau à pain, Liliane, s'il te plaît.
Liliane: Tiens! Bon appétit tout le monde!
Madame Ferrand: Prends des hors-d'œuvre, Elizabeth: des radis, du melon, des crevettes?
Paul: On doit commencer par le melon!

UNIT 6

Elizabeth:	Je pourrais avoir des crevettes? Je les adore.
Liliane:	Il y a aussi des olives. T'en veux?
Elizabeth:	Non, merci, pas pour moi. Je n'aime pas ça!
Paul:	Je te sers à boire?
Elizabeth:	Oui, de l'eau minérale, s'il te plaît.
Liliane:	Maman, qu'est-ce qu'on mange après?
Madame Ferrand:	Voilà! Du gigot d'agneau.
Elizabeth:	Hum! Ça sent bon!
Liliane:	Sers-toi!
Elizabeth:	Après toi, Liliane!
Paul:	Et comme légumes, qu'est-ce qu'il y a?
Madame Ferrand:	Des haricots verts.
Elizabeth:	C'est vraiment délicieux ...
Liliane:	Encore du pain, maman?
Madame Ferrand:	Non, merci, j'en ai assez.
Paul:	Je vais chercher le dessert.
Elizabeth:	Oh! Un gâteau aux fraises. C'est mon dessert favori!

VOCABULAIRE 26

1 à table, le déjeuner est servi! — *come to the table, lunch is served!*
2 assieds-toi là, à côté de moi! — *sit down here, next to me!*
3 j'ai faim — *I am hungry*
4 tu veux couper la baguette? — *will you cut the loaf of bread?*
5 passe-moi le couteau à pain! — *pass me the bread knife!*
6 bon appétit tout le monde! — *enjoy your meal, everyone!*
7 prends des hors-d'œuvre! — *help yourself to starters!*
8 des radis, du melon, des crevettes — *radishes, melon, shrimps*
9 on doit commencer par le melon! — *you should start with the melon!*
10 je pourrais avoir ...? — *may I have ...?*

FOOD AND DRINK

11	je les adore	*I love them*
12	il y a aussi des olives	*there are also olives*
13	*t'en veux? (tu en veux?)	*do you want some?*
14	je n'aime pas ça!	*I don't like that!*
15	*je te sers à boire?	*shall I give you a drink?*
16	oui, de l'eau minérale	*yes, mineral water*
17	qu'est-ce qu'on mange après?	*what are we having next?*
18	du gigot d'agneau	*leg of lamb*
19	ça sent bon!	*it smells good!*
20	sers-toi! ... après toi!	*help yourself! ... after you!*
21	et comme légumes, qu'est-ce qu'il y a?	*what vegetables are there?*
22	des haricots verts	*French beans*
23	c'est vraiment délicieux	*it's really delicious*
24	encore du pain, maman?	*more bread, mum?*
25	non, merci, j'en ai assez!	*no, thanks, I have enough*
26	je vais chercher le dessert	*I'll get the sweet*
27	un gâteau aux fraises	*a strawberry cake*
28	c'est mon dessert favori	*it's my favourite sweet*

27 Dîner au restaurant

Le garçon: Et pour votre service?
Le client: Nous voudrions une table pour trois.
Le garçon: Certainement. Par ici, près du radiateur.
Le client: Pourrions-nous avoir le menu, s'il vous plaît?
Le garçon: Voulez-vous le menu à prix fixe, ou manger à la carte?
Le client: Quel est le Plat du Jour?
Le garçon: Le veau Marengo.
Le client: Non, merci. Ma mère n'aime pas le veau. A la carte, alors!
Le garçon: Est-ce que je vous apporte aussi la carte des vins?
Le client: Oui, s'il vous plaît.
Le garçon: Prendrez-vous un apéritif?

UNIT 6

Le client:	Pas pour moi. Mais mes parents prendront un martini.
	. . . .
Le garçon:	Voilà. Est-ce que je prends votre commande maintenant?
Le client:	Oui, nous sommes prêts.
Le garçon:	Que voulez-vous comme hors-d'œuvre?
Le client:	Une assiette anglaise pour moi, des crudités pour ma mère, et du pâté maison pour mon père.
Le garçon:	Et comme entrées?
Le client:	Trois coquilles Saint-Jacques.
Garçon:	Et ensuite?
Le client:	Du coq au vin et pommes vapeur, servis ensemble s'il vous plaît.
Garçon:	Entendu!
Le client:	Nous ne voulons ni salade ni fromage, mais trois babas au rhum comme dessert.
Garçon:	Et les vins?
Le client:	Que nous conseillez-vous?
Garçon:	Un beaujolais.
Le client:	Allons-y pour le beaujolais!
	. . . .
Le client:	L'addition, garçon, s'il vous plaît. Le service est-il compris?
Garçon:	Non, monsieur, il est en plus.

VOCABULAIRE 27

1	et pour votre service?	*may I help?*
2	nous voudrions une table pour trois	*we would like a table for three*
3	certainement	*certainly*
4	par ici, près du radiateur	*this way, near the radiator*
5	pourrions-nous avoir le menu?	*could we have the menu?*
6	voulez-vous le menu à prix fixe?	*are you having the set menu?*
7	ou à la carte?	*or the à la carte (menu)?*

FOOD AND DRINK

8	quel est le plat du jour?	what is the dish of the day?
9	le veau Marengo	veal Marengo (veal casserole in tasty tomato sauce)
10	est-ce que je vous apporte . . .?	shall I bring you . . .?
11	la carte des vins	the wine list
12	prendrez-vous un apéritif	will you have a drink (such as sherry, martini, etc.)
13	mes parents prendront un martini	my parents will have a martini
14	est-ce que je prends votre commande?	may I have your order?
15	nous sommes prêts	we are ready
16	que voulez-vous comme hors-d'œuvre?	what would you like for starters?
17	et comme entrées?	and for first course?
18	une assiette anglaise	assorted cold meats
19	des crudités	salads
20	du pâté maison	the chef's own pâté
21	une coquille Saint-Jacques	scallop and other fish served in a white sauce in a scallop shell
22	et ensuite?	and to follow?
23	du coq au vin	chicken served in a wine sauce
24	pommes vapeur	steamed potatoes
25	servis ensemble	served together
26	nous ne voulons ni salade ni fromage	we don't want green salad or cheese
27	que nous conseillez-vous?	what do you recommend?
28	*allons-y pour le beaujolais!	let's have the beaujolais!
29	non, il est en plus	no, it's extra